墨香财经学术文库

数字时代档案数据安全法律风险治理机制研究

Research on Legal Risk Management Mechanism of Archival Data Security in Digital Age

李紫阳 著

东北财经大学出版社 大连
Dongbei University of Finance & Economics Press

图书在版编目（CIP）数据

数字时代档案数据安全法律风险治理机制研究 / 李紫阳著．—大连：东北财经大学出版社，2025.4.—（墨香财经学术文库）．—ISBN 978-7-5654-5595-7

Ⅰ．D922.174

中国国家版本馆CIP数据核字第20258T2D76号

东北财经大学出版社出版发行

大连市黑石礁尖山街217号 邮政编码 116025

网 址：http://www.dufep.cn

读者信箱：dufep@dufe.edu.cn

大连永盛印业有限公司印刷

幅面尺寸：170mm×240mm 字数：154千字 印张：13 插页：1

2025年4月第1版 2025年4月第1次印刷

责任编辑：时 博 赵 楠 责任校对：贺 力

封面设计：原 皓 版式设计：原 皓

定价：78.00元

教学支持 售后服务 联系电话：（0411）84710309

 举报电话：（0411）84710523

如有印装质量问题，请联系营销部：（0411）84710711

本书获得2022年度辽宁省社会科学规划基金项目《档案数据安全风险监管与法律保护问题研究》(L22CTQ003)资助

前言

当前，数据是推动经济社会发展的新型生产要素，也是建设数字中国的基础性、战略性资源。我国高度重视数据资源的开发与保护工作。2019 年 10 月，党的十九届四中全会首次提出将数据作为新的生产要素，标志着我国正式进入数据红利大规模释放时代。2020 年 4 月，中共中央、国务院发布《关于构建更加完善的要素市场化配置体制机制的意见》，首次将数据与土地、劳动力、技术等传统要素并列为生产要素写入中央文件。2023 年 10 月 25 日，国家数据局正式揭牌，负责贯彻落实党中央关于数据工作的方针政策和决策部署，把坚持和加强党中央对数据工作的集中统一领导落实到履行职责过程中。其主要职责是负责协调推进数据基础制度建设，统筹数据资源整合共享和开发利用，统筹推进数字中国、数字经济、数字社会规划和建设等。同时，数据热浪延伸到档案领域，“数据日益成为重塑信息时空、构筑数字元宇宙、探寻世界本质的关键要素”。[①]电子档案成为档案

① 金波，杨鹏．大数据时代档案数据安全保障探究［J］．档案学通讯，2022（3）：30.

生成、读取与传播的主要方式，作为电子档案载体的档案数据成为数字时代档案资源的主要存在形式。

2020 年 6 月 20 日，十三届全国人大常委会第十九次会议通过了新修订的《中华人民共和国档案法》（以下简称“新《档案法》”），规定档案馆和机关、团体、企业事业单位以及其他组织应当加强档案信息化建设，并采取措施保障档案信息安全。[①]新《档案法》在“档案信息化建设”一章，多次提及档案安全，明确电子档案安全管理要求，但却并没有专门提及档案数据安全风险法律治理问题。在目前档案数字化建设如火如荼的背景下，档案数据安全存在一定风险，如果不能构建有效的档案数据安全风险治理机制，档案数据价值释放将受到严重制约。数字时代，开展档案数据安全法律风险治理机制问题研究，既符合国家档案事业战略发展需要，也符合我国档案数据安全法律保护的现实需要。

本书的撰写得到2022年度辽宁省社会科学规划基金项目《档案数据安全风险监管与法律保护问题研究》（L22CTQ003）资助，在此深表感谢。

李紫阳

2024年12月

① 王英玮，杨千. 总体国家安全观视角下《中华人民共和国档案法》的安全理念[J]. 档案学研究，2020（6）：78-85.

目　录

1

导论

1.1 研究背景与意义

1.1.1 研究背景

受数据技术革命的影响，档案领域出现全新的变革与发展机遇，呈现出档案管理数字化、档案信息共享化与档案管理智能化等新特征。2021年6月，中共中央办公厅、国务院办公厅印发《"十四五"全国档案事业发展规划》，档案事业发展上升为国家战略。如何防范档案数据安全法律风险现已成为档案学与法学领域的难点问题。目前，此研究尚处于起步阶段，研究成果缺乏系统性，未参考数字法治等其他法域的最新研究成果，出现了档案法治领域自说自话的问题。比如，既有研究多以档案数据安全风险类别、来源与特征等问题作为研究起点，提供泛化的应完善法律规范、加强安全监管、提高技术标准、构建治理模型等宏观建议，但对档案数据安全的研究缺乏实践指导价值。再如，既有研究混淆使用档案数据安全与档案信息安全等术语，事实上相关术语含义并不相同。混淆使用相关概念易遮蔽档案数据安全独立保护的必要性、重要性与正当性，导致对档案数据安全的保护不在重点方面，保护理念、目标与规则不具有针对性。本书将对相关问题进行详细探讨，此处仅做简单阐述以说明研究背景。

1.1.2 研究意义

数字时代档案数据安全法律风险治理机制问题研究，兼具理论与实践意义：

其一，能有效丰富档案数据安全风险法律治理基础理论，澄清档案数据安全风险法律治理领域的基础问题。（1）研究开拓意义。数字时代迫切需要档案数据安全风险法律治理机制研究，对档案数据安全风险法律治理主体、运行规律、内在关联、治理手段等方面进行思考与审视，形成档案数据安全风险法律治理研究范式。（2）理论深化意义。本书的研究能深化既有档案数据安全保护义务理论，细化档案数据安全分级分类保护规则，优化档案数据安全立法保护与法律实施举措，廓清各方权利、义务与责任。

其二，“徒法不足以自行”，良善法律需要良好执行才能取得效果。本书的研究具有如下应用价值：（1）立法服务价值。经初步考察，涉档案数据安全风险法律治理的规范性文件存在立法不足、欠缺专门档案行政执法与刑事司法衔接等问题。本书研究可为后续立法活动提供资料。（2）优化实施价值。档案数据安全违法犯罪行政执法与刑事司法、档案数据民事违法责任和行政违法责任之间存在实施协同不畅问题，本书的研究能够为法律实施工作优化提供理论支持。

1.2 研究内容与方法

1.2.1 研究内容

本书研究内容分为五个部分：

第一部分研究数字时代档案数据安全法律风险治理机制建构的前提性概念。我国虽然高度重视档案数据资源的保护工作，并在2020年6月20日新修订的新《档案法》中增设关于档案信息安全与档案信息化建设的相关内容，但是对档案数据安全风险法律治理问题并未明确提及。此种立法现状导致档案数据安全风险法律治理领域出现现实需求与法律制度不匹配问题。因此，为夯实立法基础，明确立法思路，需先明确相关基础性概念。在相关概念中，档案、数据与信息的关系是最先需要解决的问题。目前，学界认为档案本身就是信息，新《档案法》规定档案是对国家和社会具有保存价值的各种文字、图表、声像等不同形式的历史记录。故而，从立法视角看，档案承载信息，但档案本身不是信息，只是信息的一种记录形式。数据具有非竞争性与可复制性，档案数据是数据的一种类型，又可被细分为政务数据、公共数据与社会数据，结构化、半结构化与非结构化数据，个人数据与非个人数据等。同时，档案数据亦是档案的一种存在形式。根据符号语言学的分类，档案数据与档案信息分属符号层与内容层，法律属性不同，不可混同使用。总之，档案数据兼具档案与数据双重属性，既是档案的存在形式，也是数据的一种类型。因此，数据安全与档案数据安全属于一般与特殊的关系，档案数据安全是数据安全在档案领域的具体展现，应包括数据安全的基本内容，即完整性、可用性、可靠性与保密性等。档案数据安全风险法律治理应高度关注对以上安全特性的保护。档案数据安全管理与治理有本质区别，主要表现如下：管理主体特定，呈收敛性；治理主体泛化，呈延展性，更关注多机关、跨区域协调；管理追求安全，治理强调档案数据全生命周期收存管用一体化，兼顾安全与利用。

第二部分研究数字时代档案数据安全风险类型与宏观治理机制。档案数据安全风险大致可分为如下几类：(1) 法律不健全引发的风险。档案数据法治缺乏战略规划，立法衔接明显不畅。尤其是新《档案法》与其他法律的衔接不畅，导致法律漏洞存在，风险治理力度不足。其一，与《中华人民共和国数据安全法》(以下简称《数据安全法》) 衔接不畅，没有进行档案数据分级分类，也没有设定档案数据安全预警、评估、审查与补救追责机制。其二，与《中华人民共和国刑法》(以下简称《刑法》) 衔接不畅。专门档案犯罪行为手段单一，保护对象狭隘，严重制约对档案犯罪的打击力度。为档案数据安全法益提供附属性保护的计算机信息系统罪名存在立法问题，规范阐释不足，导致司法适用存在疑难。其三，与民事法衔接不畅。对档案数据违法侵权行为的民事惩治力度欠缺，权力配置不清，导致自然人是否享有来源于其的档案数据之所有权、处置权、使用权等问题成为摆在立法者面前的重难点问题。（2）制度不健全引发的风险。业务制度涉及定岗定责问题，应尽可能减少管理松懈引发的风险问题；人才制度涉及人才培养，应加强专业人才培育制度建设，增强专业人才对区块链等新技术的掌握与应用能力，确保可在档案数据安全风险治理的事前、事中与事后均能发挥积极作用；平台制度应注重优化管理模式，引进新技术克服传统科层管理模式的弊端，进行半中心化、联盟式管理模式创新。档案数据安全法律风险治理目标是通过系统举措确保档案数据涉及的国家安全、本体安全、内容安全与载体安全得到一体保护。当然，档案数据安全风险法律治理非一日之功，应在坚持党的领导、贯彻总体国家安全观等理念引导下稳步推进。具体架构设计方面，应注重法律、技术与人才的协同；法律方面，应重点考察现有档案数据安全风险治理的立法漏洞与司法难题，并提出解决方案；技术方面，应考虑引入区块链等新技术，妥善把控并解决新技术可能引发的附随性风险；人才方面，应注重调动社会力量与专业力量，实现档案数据风险法律治理的凝心聚力。

第三部分研究档案数据安全法律风险“档”“数”融合共治问题。“档”即档案法、“数”即数据法。将档案数据安全法律风险治理纳入“档”“数”融合治理框架，有如下可行基础：立法调整对象具有重叠性、规范保护目的具有交叉性、新法对旧法修改具有指导性。具体推进时，应高度关注新《档案法》与《数据安全法》的立法失调问题。比如，档案数据分级标准不协调、档案数据跨境流动规则不明晰，档案数据赋权、确权与保权规则不健全等。为解决以上问题，应基于档案数据特性，建构适用于档案领域的档案数据分级分类标准。档案数据跨境流动规则应坚持中国模式，以国家安全为底线，考虑创设负面清单和动态白名单，列出档案数据限制出境种类和地区。同时，还应注意档案数据赋权、确权与保权的重要性。赋权是核心、确权是保障、保权是手段。参照数据确权理论，档案数据权并不是单一权利，而是权利“束”，可分为档案数据所有权、档案数据知识产权、档案数据人格权等不同权利内容。对相关权利应分别配置不同的确权与保权规则。

第四部分研究档案数据开放与个人信息法律保护的协调互动。数据开放是数字政府建设的核心制度。基于在基础、目标、原则与公开范围方面的差异，政府数据开放与政府信息公开不可混同。政府数据开放立法应考虑由中央层面推进统一立法以解决地方差异化实践造成的重复立法等问题。在政府数据开放建设过程中，档案部门扮演重要角色。《国家档案馆档案开放办法》中提出，档案部门要推动档案跨区域共享利用。各级各类档案部门应着力参与政府数据开放，解决档案数据开放试点过程中出现的数据类型、格式与开放能力未保持统一等问题，多举措提高档案部门参与政府数据开放的积极性。同时，政府数据开放还应强调中央规划与战略统筹，精细化平台建设标准，构建档案数据资源共享运用平台。总之，档案部门不能因惧怕困难、惧怕追责、惧怕投入延迟推进政府数据开放，应争当先锋。

档案数据利用过程中应高度重视个人信息保护。档案数据与其他数据不同，在对应个人信息方面具有唯一性、隐私性与价值性。档案数据持有者往往可以直接通过档案数据锁定个人，并获取有用信息。档案数据个人信息被违法泄露、默认采集及失控传播问题时有发生。为有效保护个人信息，应落实《中华人民共和国民法典》（以下简称《民法典》）、《中华人民共和国个人信息保护法》（以下简称《个人信息保护法》）等法律赋予个人信息主体的被遗忘权与知情同意权。被遗忘权是法律“舶来品”，欧盟最早在立法与司法中确认。被遗忘权与个人信息自决权、删除权、遗忘权属于不同种权利。被遗忘权并非宪法性权利，主要约束对象是非国家机关的信息处理行为。基于被遗忘权，除非信息保留有合法理由，否则档案用户可以在一定限度内要求档案主管部门或者其他档案部门删除有关自身的不充分、不相关或不再相关的信息的权利。落实被遗忘权的过程中，应注重平衡档案收集管理权与被遗忘权的关系，实现权利平衡。知情同意方面，本书主要研究监护人知情同意权。对于监护人知情同意权，唱衰之声在学术界有所蔓延。相关批判理由包括但不限于各国对监护人知情同意权年龄界限理解不一，监护人知情同意是对儿童信息自决权的剥夺等。然而，以上观点均不能成立。以监护人知情同意年龄为例，法的规约性和确定性要求立法者规定统一的同意年龄，且民事法理中同意能力与行为能力区分为监护人知情同意年龄表批准与民事行为能力标准相分离等提供了正当化根据。此外，监护权虽与儿童自决权有一定冲突，应以比例原则限制监护权，但不应以此否定监护人知情同意权的合理性。故而，在档案数据所涉儿童个人信息保护方面，仍需贯彻监护人知情同意权，并基于儿童保护主义，确定行权边界，明确自然人监护人知情同意规则及探索组织体监护人知情同意规则。

第五部分研究档案数字化时代的老年人数字鸿沟及克服问题。档案数字化建设是不可阻挡的潮流，在建设过程中应注重老年人数字鸿沟问题。老年人数字鸿沟主要表现在三方面：其一，“数字沉默”与“数字失能”。老年用户作为数字弱势群体，往往是在未有充分准备的情况下便被裹挟进数字洪流，存在数字化心理缺失或数字化素养不足问题。以上因素严重影响老年用户在数字时代的自我发声。其二，“信息茧房”与“信息屏障”问题。档案数字化建设的核心是算法技术，算法技术广泛应用会使用户标签化或画像化问题突出，老年用户可能在“回声室效应”下出现信息闭塞问题，最终受控于算法推荐等数字技术而不能有效利用档案数据。其三，“数字排斥”与“社会排斥”。数字社会导致了对老年人的数字排斥，表现为被动排斥与主动排斥。前者是指基础设施和应用开发未关注老年需求排斥老年使用；后者是指老年人形成心理防线，拒绝学习新技术、新知识。数字排斥严重影响老年人在档案数字化建设过程中的有效融入。为解决以上问题，我国虽采取若干举措，但仍存在不足。比如，基础设施建设形式主义明显，虽进行适老化改造，但缺乏主动迎接“银发浪潮”的内驱动力。解决上述问题的可行之道是立法时应做到数字立法与传统立法并行，既要关注数字法中的适老分级问题，也要注意新《档案法》中适老条款的增设，同时行业服务应讲究规范化。如欲达此目的，既离不开顶层设计，也离不开行业指导，应抽象提炼既有实践经验，将其上升为具有行业强制适用价值的规范，或者发布战略指导、典型案例、宏观政策、微观举措等。技术适老应以场景适配为核心，搭建匹配老年档案用户特性的数字接入系统；加强老年数字素养培育，推行基层数字普惠教育。

第六部分研究数字时代档案数据安全的刑法风险治理问题。档案安全刑法保护经历附随保护时期与明确保护时期，相关立法虽随时代有所变动，但基于数字时代视角观之，档案数据犯罪领域存在犯罪主体进一步扩大、犯罪对象形式多样、数据价值鉴定机制缺失等问题，《刑法》尚未能给予有效回应。因此，应基于集体法益优先、档案法益直接保护与刑法介入保持谦抑等原则，做好《刑法》与新《档案法》的衔接协调工作。其一，应完善《刑法》中的档案犯罪罪名，增设档案数据安全直接保护罪名，做好分级分类刑法保护工作。其二，应构建适应档案数据特性的价值鉴定机制，以发挥《刑法》定量规定的出罪与入罪功能。当然，档案数据安全风险的刑法治理既应注重实体衔接，也应注重程序衔接。目前，程序衔接方面存在移送承接不力、移送流转不畅等问题。为解决上述问题，须明确公安机关“依法接受案件”职责，细化行政移送与公安立案标准，明确行政证据向刑事证据的转化与应用规则，强化检察机关的法律监督。

1.2.2 研究方法

本书主要采用的研究方法如下：

一是比较分析方法。关注域内外档案数据安全法律风险治理领域的立法、司法与学理情况，借鉴境外优秀经验，阐释我国档案数据安全法律风险类型与治理机制，推动我国档案数据安全法律风险治理机制与国际保护趋势接轨。

二是规范分析方法。遵循法教义学研究思路，推动新《档案法》与《数据安全法》、《民法典》、《刑法》等部门法之间的融合协调，系统研究“档”“数”融合共治、档案数据开放与个人信息保护协调、数字时代档案安全的刑法保护等问题，打造横贯刑民法域的整体性风险治理方案，实现档案数据安全法律风险治理机制的体系贯通。

2

文献综述

档案数据安全风险法律治理机制问题属于档案学与法学交叉问题，已有研究集中发表于档案学刊物，主要从档案数据安全风险监管模型及宏观政策等角度研究档案数据安全风险治理问题。本书将从法律层面统筹考察新《档案法》与《数据安全法》《个人信息保护法》《民法典》《刑法》等法律之间的衔接协调与修法调适问题，以发挥法律的行为调整作用，引导各方主体遵守、尊重档案数据安全，实现档案相关法律的良法善治。

国外理论研究方面，Stancic H（2015）等构建电子档案云服务模型，以期保障电子档案长期保存的可移植性；Darra Hofman（2017）则主张通过数据保护法和数据本地化法建立可信框架，用以保护云隐私和档案安全；So JE（2018）等则从保存范围、保护框架等方面对美国、加拿大等国数字档案资源保存政策进行比较研究。实践探索方面，澳大利亚档案馆（2016）制定政府信息治理框架，将多元治理与风险管理理念融入其中；美国国家档案与文件署（NARA）联合美国总统办公室管理和预算局（OMB）（2019）出台M-19-21号备忘录，要求文件数字化保存应当涵盖纸质档案、音像档案等所有类型的档案，并适配相关元数据保障档案数据的完整性。

国内研究集中于如下方面：其一，探讨档案数据安全风险治理宏观设计问题。崔海莉（2015）、肖秋会（2018）等从顶层设计出发，提出应从数据全生命周期等角度建构档案数据安全保护框架；丁家友（2019）从档案数据保全与应急备份的角度探讨安全风险治理问题；杨智勇（2017）借鉴IGMR模型提出新型数据安全风险治理模型，并提出应致力于构建以法律为基石，以制度为保障，以技术为支撑，以人员为重点的立体多维档案数据安全能力体系。

其二，探讨档案数据安全定义、风险来源与特征问题。定义方面，结论基本一致。金波（2022）参照《数据安全法》对数据安全的界定来重新界定档案数据安全。风险来源方面，视角不同，结论不同。肖秋会（2018）将之分为网络安全风险（僵尸网络、DDOS攻击等）、数据安全风险（采集端的伪造行为，传输端的拦截行为，存储端的拥有权、控制权分离等）、平台安全风险（基础平台安全、应用平台安全）、服务安全风险等；孙向阳（2022）认为档案数据安全存在四维风险，包括法律体系不完备、管理制度不健全、技术保障不完善与人员管理不到位等；何晓军（2017）提出数字档案安全有存储风险、篡改风险、数据检测风险、利用监管风险等。

其三，研究新《档案法》与《数据安全法》等前置法衔接协调问题。耿志杰（2021）认为应加快新《档案法》《数据安全法》等法律之间的衔接，制定档案数据互联网传输管理条例；王玉珏（2021）则提出应明确档案部门在数据治理中的参与权，档案部门要与数据部门协同建立重要数据跨境流动的法律规制与管理机制；仇壮丽（2024）、钟亚帆（2024）则指出，档案数据化背景下应注重档案部门的职能拓展，解决档案部门未能有效回应数据价值释放需求等问题；郭若涵（2024）、杨波（2024）提出，在新《档案法》背景下，档案数据安全治理应当贯彻法规遵循、协同共治、分级管理等要求。

其四，关注新《档案法》与《刑法》的衔接协调与调适适用问题。单邦来（2022）提出电子档案是新《档案法》规定的重要档案数字资源，应从电子档案刑法保护正当性、必要性与保护具体措施等视角入手调适两法；仝其宪（2021）则提出数字网络时代的到来使档案刑事犯罪发生了重大变化，有形档案向无形档案转变，危害档案安全的档案犯罪也呈现新趋势、新特点，要以附属刑法模式作为档案安全保护的刑法立法辅助方式；刘森（2024）则认为，数字时代应回归档案数据的档案本质，基于档案犯罪罪名体系建构档案数据犯罪。

归纳起来，现有研究至少存在如下问题：其一，档案数据安全研究结果未能与数据法治主流研究成果形成有效互动。从研究内容看，档案数据安全法治问题研究者较少，产出亦较少，在档案数据的赋权、确权与保权问题，档案数据资产确权、计量与交易问题等方面均未能深入研究，这给档案数据安全系统化法治保障问题造成不小的阻碍。其二，新《档案法》与《数据安全法》等立法文本缺乏沟通联动。新《档案法》被排除在《网络安全法》《数据安全法》等法律相互援引范围外，导致档案数据安全治理方面出现立法漏洞。因此，亟待明确档案法律在数据法律体系中的地位与作用，确保档案部门在数据协同治理机制中的参与度，理顺档案管理部门与数据生产部门间的关系，明晰档案数据控制者的安全保障义务与法律责任，通过统筹规划《档案法》与《数据安全法》勘破档案数据安全保护困局。其三，智慧档案时代《刑法》档案数据犯罪立法建构与司法协调适用问题。目前《刑法》中的档案法保护制度以传统档案为对象样本，没有专门针对数据档案设定罪名。同时，档案数据化导致传统的定罪量刑标准出现适用难的问题。因而，《刑法》领域应思考如何保护档案数据安全、保护哪些档案数据安全、从哪些角度保护档案数据安全、有哪些罪名可用于保护档案数据安全、是否需要修改现行《刑法》以适用档案数据安全保护等问题成为亟待解决的难点问题。

综上所述，既有的相关研究结论尚不成熟，观点间缺乏必要争鸣，亟待继续推进数字时代档案数据安全法律风险治理机制问题研究。期望通过本书的系统研究，能为数字时代档案数据安全法律风险治理机制问题的解决提供新视角、新观点，力争形成研究的新范式、新方法，并建立档案数据安全风险治理与一般数据安全风险治理理论间的沟通渠道，将数字法治领域的热点问题，如数据权、数据资产权、数据分级分类理论、数据控制者义务、数据跨境规则、数据中隐私信息保护等引入档案数据安全风险治理领域进行研讨，力求在一般数字法治理论基础上形成可适用于档案数据安全法律风险治理的新规则、新理论。同时，本书也将从立法论的视角探讨档案数据安全保护规则的具体建构问题，为档案数据安全法律风险治理提供立法指引与建议，为政府决策和行业规范提供参考和根据。

3

逻辑起点：档案数据安全风险等基础概念界定

“法律概念是法律规范的基础，也是进行法律思维和推理的根本环节。”[①]在法律问题研究中，界定相关概念的内涵既能限缩研究范围，明确研究边界，也能让阅读者明晰全文核心内容，便于知识的传承与消化。因此，本书将档案数据安全风险等基础概念的界定作为行文的逻辑起点，予以专章展开。

3.1 档案、数据与信息

探究档案数据安全法律风险治理问题，应先明确档案、数据与信息等术语之间的关系，以及组合术语之间的关系，如档案数据、档案信息等之间的关系，以划定研究范围，明确研究范畴。

对于何为档案，学界理解与立法规定并未完全统一。雅克·德里达认为，在人体外得到记录与存放的，具有本原性的信息是档案。[②]冯惠玲认为，清晰、确定的原始记录性信息就是档案。[③]以上两种理解可合并解释为：档案本身即是信息。然而，此种理解与我国新《档案法》的规定不一致。新《档案法》规定：“本法所称档案，是指过去和现在的机关、团体、企业事业单位和其他组织以及个人从事经济、政治、文化、社会、生态文明、军事、外事、科技等方面活动直接形成的对国家和社会具有保存价值的各种文字、图表、声像等不同形式的历史记录。”从此可以看出档案本身不是信息，只是对信息的历史记录，有电子档案（本质为档案数据）与传统档案等不同表现形式。[④]

---

① 雷磊. 法律概念是重要的吗［J］. 法学研究，2017（4）：74-96.

② 何嘉荪，张淑霞. 大数据引发的思考——哲学界相关讨论的启示［J］. 浙江档案，2017（6）：10.

③ 冯惠玲，张辑哲. 档案学概论［M］. 2版，北京：中国人民大学出版社，2006：6.

④ 本书认为电子档案与档案数据属一体两面，电子档案本质上即为档案数据形式存在的档案。因此，下文如未特殊说明，不再区分电子档案与档案数据，也不区分电子档案安全与档案数据安全。

对于档案与数据之间的关系，学界分歧较多。有论者认为，档案与数据是一体两面的关系，只是不同学科称谓不同，实际指向同一对象/事物。因此，档案法中的档案，就是数据法领域的数据。档案数据属于同义反复，无特殊意义。[①]然而，该理解既与法律规定并不相符，也无法为学术研究带来有益增量。本书认为想要明确档案与数据的关系，应先明确数据的内涵、特征与类型，并以数据为基础性概念构筑档案数据安全法律风险治理机制，[②]以最大限度发挥档案数据资源价值。《经济学人》杂志将数据类比为新型石油，此种理解在数据法治与数字经济领域获得广泛赞同，但数据与石油明显不同，石油是典型的竞争性资源，使用增多枯竭加剧，数据则是典型的非竞争性资源，使用数据非但不会使其枯竭，反而有可能增加新的数据，增强数据的关联性，强化数据的经济社会价值。换言之，作为数字时代信息的主要载体，数据具有可复制性与非排他性，有权限的用户可将数据在网络云盘中进行无限复制传播。以上操作不会对初始数据的完整性与可用性造成不利影响。档案数据也具有以上特性，即档案数据也可在电子档案管理系统中，由具有操作权限的用户进行自由复制、传送或者处埋，并可由不同主体同时对相关档案数据加以应用。因此，纸质档案等其他传统档案无法在传播与使用效率方面与档案数据比较。

对于何为档案数据，本书认为可从法规范角度入手进行解读。《数据安全法》规定，数据是指“任何以电子或其他方式对信息的记录”。因此，数据与档案之间有重合之处。两者都是对信息的记录，但档案范围应略小于数据，仅是对“国家和社会具有保存价值的各种文字、图标、声像等不同形式的历史记录”。故而，对档案与数据关

① 何思源，刘珂．档案与数据关系的多维解析——间论档案数据的概念地位［J］．档案学通讯，2024（1）：41.

② 时建中．数据概念的解构与数据法律制度的构建：兼论数据法学的学科内涵与体系［J］．中外法学，2023（1）：24.

系的正确理解应是：两者存在重合之处，档案数据既是档案的存在形式，也是数据的一种类型。在法律问题研究层面，档案工作者不应被档案数据的外表迷惑，而是应关注档案数据与一般数据的区别，明确档案数据的独特性，进而将档案法与数据法进行适当融合，实现广义上的档案数据“档”“数”法律共治。[①]结合学界对数据的分类，本书认为档案数据也可以分为如下类型：

其一，政务数据、政府数据、公共数据与社会数据。《数据安全法》使用政务数据概念，其第五章的标题即为“政务数据安全与开放”。但对于何为政务数据，《数据安全法》并没有进行明确界定。本书结合《数据安全法》的相关规定将之总结如下：政务数据是国家机关在履行职务过程中，于法定权限内依照法定程序收集、存储、处理或者传输的数据。与《数据安全法》不同，《中华人民共和国国民经济和社会发展第十四个五年规划和 2035 年远景目标纲要》使用的是政府数据和公共数据概念，而非政务数据概念，该纲要提出“开展政府数据授权运营试点，鼓励第三方深化对公共数据的挖掘利用”。[②]至于政府数据与政务数据之间的关系如何，相关文件并没有予以明确，本书认为两者含义相同，基本上可以替换使用。此外，《国务院关于加强数字政府建设的指导意见》将数据分为政务数据、公共数据和社会数据。对于公共数据的含义，相关文件也没有予以明确，但根据《中共中央 国务院关于构建数据基础制度更好发挥数据要素作用的意见》可知，公共数据是党政机关、企事业单位依法履职或者提供公共服务过程中产生的数据。至于社会数据的含义，目前尚未有法律

① 广义上的“档”“数”法律共治，是指新《档案法》及其他档案法律与涉数据安全法律规定之间的衔接共治。而本书第5章所提的“档”“数”共治主要是指新《档案法》与《数据安全法》的融合共治。特此说明。

② 新华社. 中华人民共和国国民经济和社会发展第十四个五年规划和2035年远景目标纲要［EB/OL］.［2021-03-13］. https: //www.gov.cn/xinwen/2021-03/13/content_5592681.htm.

文件予以界定，也难以通过学理明确其具体的外延范围，本书只能将之归纳为除政务数据或政府数据与公共数据外的一切数据。与此对应，档案数据也可分为政务档案数据或政府档案数据、公共档案数据或社会档案数据，不同类别的档案数据的保护力度、保护举措应略有不同。

其二，结构化、半结构化与非结构化数据。结构化数据（Structured Data）是具有一定结构性、可分为固定基本组成要素，能通过一个或多个二维表来表示的数据。结构化数据一般存储在关系数据库中。非结构化数据是指结构化数据以外的数据，数据结构不固定，无法使用关系数据库存储，只能用各类型的文件形式存放，如Office文档、文本文件、图片、财务报表、图像、音频和视频等。[①]通常，只有通过特定软件才能使用非结构化数据并感知其内容。与结构化数据相比，非结构化数据由于欠缺标准化，导致不便管理。如果想要将非结构化数据予以集中存储、处理或者使用，必须研发较为智能化的计算机信息系统。数据由非结构化到半结构化乃至结构化，是数据加工的过程与结果。与此分类对应，采用不同形式存储的档案数据也可被分为结构化档案数据、半结构化档案数据与非结构化档案数据。以上不同类别的档案数据对计算机信息系统智能化的程度要求不同，在进行档案数字化建设的过程中必须考虑该问题。

其三，个人数据与非个人数据。程啸认为，数字时代的数据以是否可识别到个人，可分为个人数据与非个人数据。[②]前者可识别个人，即凡是具有直接或间接可识别性的数据，均是个人数据；反之，则属于非个人数据。不难发现，在其看来，个人数据与非个人数据的界分，实质上是数字时代个人信息与非个人信息的界分。档

① 徐宗本，张讲社．基于认知的非结构化信息处理：现状与趋势［J］．中国基础科学，2007（6）：4-8．
② 程啸．论大数据时代的个人数据权利［J］．中国社会科学，2018（3）：107．

案数据中具有直接识别性的数据包括肖像、姓名、身份证件号码、社会保险号码等；具有间接识别性的数据包括爱好、兴趣、习惯等，这些信息虽不能直接识别特定自然人，但当足够量的数据结合后可实现对特定自然人的识别。以Cookie信息为例，Cookie信息主要说明哪些范围的URL是有效的，互联网企业可通过Cookie信息收集技术，记录用户的网络使用偏好并形成网络行踪轨迹。单纯使用Cookie信息难以直接识别特定自然人，但结合网络账户或者IP地址等信息，即可实现对特定自然人的有效识别。①由于档案数据中的个人数据具有识别特定自然人的能力，因此，档案部门或其他档案数据处理者应尽可能依法依规收集、存储、处理或者传输相关数据，当收集、存储等行为之目的超出个人数据主体知情同意范围时，即应停止使用；否则，违法违规使用相关数据者将承担法律责任。非个人数据主要包括两类：其一，与组织体相关的数据，即反映法人、非法人组织等主体信息的数据。如某一航空企业在一年内的航班延误情况、某一酒店在一年内的客户接待情况、某一网站在一年内的用户使用情况等。其二，将个人数据匿名化处理后得到的非个人数据。个人数据具有可识别性，但经匿名化处理后相关个人数据即转化为不具有可识别性的非个人数据。比如，网络企业对网络用户从事各种活动进行收集、整理、分析后产生的数据，包括搜索引擎记录、电子商务记录、用户使用习惯、潜在用户群等。②然而，应该注意的是，匿名化技术与反匿名化技术时刻在进行竞赛，因此，虽从理论上可设想存在完全不可被反匿名的匿名化技术，但实践中反匿名化技术的进步有可能导致既有匿名化技术失去匿名作用。某一经个人数据匿名化处理后得到的数据是否为非个人数据的

---

① 李谦．人格、隐私与数据：商业实践及其限度——兼评中国Cookie隐私权纠纷第一案［J］．中国法律评论，2017（2）：126.

② 丁道勤．基础数据与增值数据的二元划分［J］．财经法学，2017（2）：5.

判断会随着技术的演变迭代发生变化。目前，档案数据中多为个人数据，尤其是人事档案数据、医疗档案数据、教育档案数据等，直接与特定自然人相关，涉及特定自然人的隐私。这决定了广泛适用于信息数据领域的“权利束”在人事档案管理等制度中存在着推广的空间与应用的可能性。①

以上分类仅是对档案数据类型的部分列举。对于不同类别、不同级别的数据进行分级分类保护已成为数据安全保护的基本常识。因此，在档案数据安全法律风险治理过程中，应高度重视档案数据分级分类工作，针对不同类别的档案数据提供不同的保护措施。

厘清档案与档案数据的关系后，档案数据与档案信息的关系尚待明确。在数据安全风险法律治理领域，长期存在数据与信息关系理解分歧，此分歧也直接影响对档案数据与档案信息的理解。从而，须梳理数据安全风险法律风险治理领域的争议观点，并进行有效回应，进而判断档案数据与档案信息的正确关系。法学界，彭诚信将数据与信息的关系归纳为信息与数据等同型、信息与数据相对型、信息小于数据型、数据小于信息型四种类型；②韩旭至则将之分为信息与数据并用型、信息包含数据型与数据包含信息型。③本书认为相关分类存在问题，宜将之调整为双层次四类型分类模式：第一层次为数据与信息并用型及数据与信息区分型，第二层次是在数据与信息区分型项下细分为数据与信息相对型、数据大于信息型与数据小于信息型。

其一，数据与信息并用型。持本观点者认为在大数据时代数据与信息没必要区分，即使区分开来，价值亦相对有限，两者差异仅在于

① 张博闻．个人信息“权利束”视域下人事档案当事人权利体系构建研究［J］．档案与建设，2024（10）：58-65.

② 彭诚信，向秦．“信息”与“数据”的私法界定［J］．河南社会科学，2019，27（11）：28.

③ 韩旭至．信息权利范畴的模糊性使用及其后果——基于对信息、数据混用的分析［J］．华东政法大学学报，2020（1）：86.

概念所强调侧重不同而已，[①]只需要依照“约定俗成”的习惯理解两者的关系即可。[②]例如，程啸提出数据与信息在大数据时代不能被分离讨论，离开了信息的数据不具有任何意义，法律上没有必要对之进行调整。[③]李源粒认为大数据的动态过程属性决定了不宜区分把握数据与信息这一组概念，而是宜整体把握之，通过将之统称为数据信息实现对大数据动态过程的全面把握。[④]

其二，数据与信息区分型。随着研究深入，学者们意识到应区分使用数据与信息概念，但对两者的关系还存在如下不同理解：（1）数据与信息分层型，即认为数据与信息属于不同逻辑层次的概念。比如，基于莱斯格等域外学者理论基础，纪海龙将数据划分为物理层、符号层与内容层。物理层是指数据的外在物质载体，比如说计算机、硬盘等物理设备。符号层是指数据文件，即能被计算机信息系统存储、处理或者传输的二进制比特数据。内容层也称为信息内容，指向一切有意义的信息内容。由此可见，在纪海龙提出以及提倡的数据分层理论中，数据文件（即本书的数据）与数据信息（即本书的信息）分别处于不同的层级，相互之间自然就不存在范围上的隶属关系。[⑤]欧阳本祺[⑥]、朱宣烨[⑦]等先后尝试将数据分层理论引入刑法学理论，用以解决虚拟财产犯罪行为定性问题。（2）数据大于信息型。比如，李爱君认为数据与信息这一概念应该是前者包含后者的关系，数据是对事物、状态的记录，数据上承载的内容既包括信息，也包括非信息。[⑧]（3）数据小于信息型。比如，梅夏英认为数据仅是信息的一

① 谢远扬. 个人信息的私法保护［M］. 北京：中国法制出版社，2016：6.
② 郭明龙. 个人信息权利的侵权法保护［M］. 北京：中国法制出版社，2012：19.
③ 程啸. 论大数据时代的个人数据权利［J］. 中国社会科学，2018（3）：105.
④ 李源粒. 网络个人数据安全刑法保护研究［J］. 重庆邮电大学学报（社会科学版），2015，27（6）：47.
⑤ 纪海龙. 数据的私法定位与保护［J］. 法学研究，2018（6）：73-76.
⑥ 欧阳本祺. 论虚拟财产的刑法保护［J］. 政治与法律，2019（9）：50.
⑦ 朱宣烨. 数据分层与侵犯网络虚拟财产犯罪研究［J］. 法学杂志，2020（6）：124.
⑧ 李爱君. 数据权利属性与法律特征［J］. 东方法学，2018（3）：66.

种记录方式，信息可通过其他非电子数据载体被记录。因此，“信息的外延要大于数据”。[①]

然而，“法律语言应是确定的。对信息、数据混用习以为常，本身便是不正常的”。[②]民法中批评数据与信息并用型观点的帷幕早已拉开。比如，有论者在归纳司法判例、立法文本后提出，个人信息保护纠纷和数据权益争议与日俱增的症结在于我国立法精细解释缺位，学理聚讼纷纭，信息与数据及相关概念模糊不清。[③]还有论者提出并用数据与信息，将引发权利设定偏差，对法院保护信息权利、进行法律论证造成严重困扰。[④]刑法中也有相关批评观点，本书亦认为应区分使用数据与信息概念，而非并用两者。

对民法、行政法等前置法文本进行梳理可见，混用数据与信息表述的现象普遍存在。例如，《中华人民共和国电子商务法》（以下简称《电子商务法》）、《中华人民共和国人类遗传资源管理条例》等均使用了“数据信息”概念。司法裁判领域也常见将“数据信息”概念合并使用的情形。比如，“新浪诉脉脉案”中，法院认为“在信息时代，数据信息资源已经成为重要资源”。[⑤]对此现象，自然不应过于苛责。立法与司法活动是人的活动，会受制于学识阅历等因素，难以作出超越时代的能动判断。然而，随着对计算机技术的深入了解，前置法领域区分使用两者的立法动向较为明显，应不存在过多争议。例如，《中华人民共和国网络安全法》（以下简称《网络安全法》）将网络数据安全保护内容规定在该法第三章网络运行安全第一节“一般规定”与第二节“关键信息基础设施的运行安全”中。将公民个人信息

---

① 梅夏英. 数据的法律属性及其民法定位［J］. 中国社会科学，2016（9）：168.

② 韩旭至. 信息权利范畴的模糊性使用及其后果——基于对信息、数据混用的分析［J］. 华东政法大学学报，2020（1）：96.

③ 彭诚信，向秦. “信息”与“数据”的私法界定［J］. 河南社会科学，2019，27（11）：25.

④ 韩旭至. 信息权利范畴的模糊性使用及其后果——基于对信息、数据混用的分析［J］. 华东政法大学学报，2020（1）：85.

⑤ 北京市知识产权法院（2016）京73民终588号民事判决书。

安全、商业秘密安全等信息安全保护的条款规定于第四章“网络信息安全”中。此举表明立法者区分保护数据安全与信息安全的决心。在《中华人民共和国民法总则》(以下简称《民法总则》。2020 年 5 月 28 日，十三届全国人大三次会议表决通过了《中华人民共和国民法典》，自 2021 年 1 月 1 日起施行。《民法总则》同时废止）的制定过程中曾有并合使用“数据信息”的建议，但此做法引发较多争议。[①] 为平息争议，《民法总则》自二审稿开始用“数据”替换“数据信息”表述，并在最终表决通过的《民法总则》中将个人信息与数据分别规定在该法第111条与第127条。对于这些规定，《民法典》没有进行修改，原文维持。2021年出台的《数据安全法》更是直接以数据安全为保护对象，将数据定义为“任何以电子或其他方式对信息的记录”进一步确证数据的载体属性，以及信息的内容属性，将两者视为载体与内容的关系。

明确应区分使用数据与信息后，还应回应另一问题：数据与信息是否存在包容关系？事实上，数据与信息属于载体与内容的关系，数据是信息的载体之一，信息是数据可提炼的有意义内容。一方面，我们可从信息本体论与认识论、数据关系论与表征论、情报学的数据信息关系理论及信息链理论等了解该结论的合理性。[②]另一方面，在立法层面上，此问题也早有定论。数据安全犯罪是典型的法定犯，认定涉案行为是否成立犯罪时，应重点关注前置法的立法动态，并适当调整对数据安全犯罪条款的解释。因此，前置法的变动会影响数据安全犯罪行为方式、行为对象与行为结果的阐释。既然《数据安全法》明确数据是指任何以电子或其他方式对信息的记录，则在刑法方面解释两者关系时，宜认可两者间并非包容与被包容关系，而是应明确数据

① 李适时. 中华人民共和国民法总则释义［M］. 北京：法律出版社，2017：396.

② 韩旭至. 信息权利范畴的模糊性使用及其后果——基于对信息、数据混用的分析［J］. 华东政法大学学报，2020（1）：88-89.

与信息属于载体与内容的关系，特定条件下两者存在相互转化的可能性。

上述理解既与国际通例保持协调，又符合计算机科学理论常识，应为合理的解释结论。一方面，按照国际标准化组织（ISO）在信息技术术语标准中的定义，数据是“信息的一种形式化方式的体现，该种体现背后的含义可被再展示出来，且该种体现适用于沟通、展示含义或处理”。信息是“关于在特定语境下具有特定含义之客体—例如事实、事件、东西、过程或思想包括理念—的知识”。[①]显然，基于该定义，信息指的是具有内容含义的知识，而数据是信息的体现形式。[②]另一方面，计算机及互联网上的数据转换可简化为“信息/数据—数据—信息/智能”，“多媒体信息虽然表现形式各不相同，但在计算机中都是以0/1二进制代码表示，这就需要对各种媒体信息进行不同编码”。[③]以数字音频及其处理过程为例，如果要用计算机处理声音，就要先将模拟信号转化为数字信号，通过声音采样、量化与编码实现模拟音频数字化。声音采样、量化主要通过A/D转换器实现，“A/D（模/数）转换器以固定的频率去采样，即每个周期测量和量化信号一次。经采样和量化的声音信号再经编码后就成为数字音频信息，以数字声波文件的形式保存在计算机存储介质中。若要将数字声音输出，必须通过D/A（数/模）转换器将数字信号转换成原始的模拟信号”。[④]

总之，档案数据是档案与数据的双向延伸与交互，档案数据是档案信息的载体，是对档案信息的记录。因此，档案数据具有档案

---

① ISO/IEC 2382：2015（en）Information technology-Vocabulary.

② 纪海龙. 数据的私法定位与保护［J］. 法学研究，2018（6）：73.

③ 龚沛曾，杨志强. 大学计算机基础［M］. 5版.北京：高等教育出版社，2009：69.

④ 龚沛曾，杨志强. 大学计算机基础［M］. 5版.北京：高等教育出版社，2009：270.

与数据之双重属性。从档案数据的来源看，主要有两个渠道：一是传统档案的数据化，即档案部门将传统纸质等形态存在的档案，通过电子扫描等技术将之转化为可被计算机信息系统存储、处理或者传输的档案数据。“信息被数据化之后，就具有通用性、开放性、标准化和高度整合性的特点。”[①]通过将传统纸质档案数据化，可以实现以往人力不可及的大数据分析、智能化识别与信息精准推荐，充分释放档案数据潜在的价值。二是新增档案数据，即利用新技术推行电子文件单套制管理，采用档案数据形式存储新收集的数据，并应用大数据与算法技术，实现对新增档案数据的集中应用与管理。此外，档案部门在进行日常档案管理活动时，也会产生较多的新增数据，这些数据也是档案数据的重要来源。在档案数字化建设过程中，应高度重视档案数据的规范化、标准化与安全化的管理工作，提防档案数据不准确、不可靠、不稳定、不完整、不保密等问题，实现档案数据来源可靠、程序规范、要素合规、全程可溯，从源头管控档案数据质量。

3.2 数据安全与档案数据安全

我国《数据安全法》将数据安全定义为“通过采取必要措施，确保数据处于有效保护和合法利用的状态，以及具备保障持续安全状态的能力”。结合数据安全的定义，可将档案数据安全界定如下：通过采取必要措施，确保档案数据处于有效保护、合法利用、持续安全状态。然而，此种宽泛意义上的档案数据安全理解，无法为档案数据安全风险法律治理提供明确指引，应继续解构档案数据安全的具体内

① 大数据战略重点实验室. 块数据2.0：大数据时代的范式革命［M］. 北京：中信出版社，2016：14-15.

容。在数据安全法律治理领域内，尤其是刑法学领域内，有学者提出数据安全包括保密性、完整性与可用性（confidentiality、integrity和availability，CIA），并基于此提出数据安全犯罪是CIA犯罪。论证相关观点时，多选择引用西方学术观点与欧洲委员会发布的《网络犯罪公约》的内容。因此，为明确数据安全的具体内容，本书以各位学者所引用的资料为目标进行深度梳理与分析：

其一，引用学者Yulia Cherdantsevay与Jeremy Hilton合作撰写的《A Reference Model of Information Assurance & Security》一文中关于The CIA-triad的相关论述。[①]以此为论据，证明数据犯罪侵犯的是数据安全法益，数据安全法益包括密性、可用性与完整性。杨志琼指出，1975年学者Saltzer和Schroeder“在总结当时未经授权泄露、修改、使用数据等法律风险时提出了‘数据安全’概念”。[②]然而，分析原文内容后可知，The CIA-triad实际上是作为信息安全模型出现的，原文表述为“几十年来，CIA-triad（机密性、完整性和可用性）一直是计算机安全以及后来的信息安全的模型。它的起源可以追溯到1975年，Saltzer和Schroeder总结了当时安全专家将信息威胁分为三类：未经授权的信息发布（保密性）、未经授权的信息修改（完整性）和未经授权的拒绝使用（可用性）。[③]这里的CIA-triad并非作为data security出现，而是作为computer security和InfoSec（此为原文表述，应理解为information security的简写）的保护模型出现。该术语是由美国约翰逊航天中心创造的，首次出现于1989年的JSC-NASA信息安全计划中（JSC-NASA，JSC即美国约翰逊航天中心的英文简

---

① YULIA CHERDANTSEVAY，JEREMY HILTON. A Reference Model of Information Assurance & Security［J］. IEEE proceedings of ARES，2013（9）：547.

② 杨志琼. 我国数据犯罪的司法困境与出路：以数据安全法益为中心［J］. 环球法律评论，2019（6）：151-171.

③ YULIA CHERDANTSEVAY，JEREMY HILTON. A Reference Model of Information Assurance & Security［J］. IEEE proceedings of ARES，2013（9）：547.

写，全称为“The Johnson Space Center”。NASA即为美国国家航空航天局，全称为“National Aeronautics and Space Administration”）。[①]如若在不区分数据与信息的情形下，将information security model翻译为数据安全模型还有一定合理性，但在本书数据与信息区分论的立场下，做此翻译，恐有不妥。以该文献为论据难以证明数据安全包含CIA三个方面的详细内容。

其二，引用乌尔里希·齐白所著《全球风险社会与信息社会中的刑法》一书中的观点。该书中提到“信息社会中产生的新价值形式需要刑法的保护，特别是数据和计算机系统的保密性、完整性和可用性相关的新利益（侵害这些利益的行为被称为“CIA犯罪”）。侵害计算机数据和计算机系统的保密性、完整性和可用性的犯罪行为不仅危害新的法益，而且是用来实施其他犯罪行为（如经济犯罪或侵犯隐私）的基本犯罪类型”。[②]刘双阳引用该点作为论证意见，以证明数据安全法益（CIA）包含数据保密性（confidentiality）、完整性（integrity）、可用性（availability）三个要素。[③]从乌尔里希·齐白撰写该段内容的上下文看，其对CIA犯罪的理解主要来源于欧洲理事会的《网络犯罪公约》，[④]在《网络犯罪公约》第2章第1节标题一项下明确了《网络犯罪公约》第2至6条中所规定的犯罪旨在保护计算机系统或数据的保密性、完整性与可用性，而不是将网络设计中固有的合法和常见活动或合法和常见的操作或商业行为定性为犯罪。[⑤]第1章“术语的使用”中，第1（a）条中明确“计算机

---

① D PARKER.Our excessively simplistic information security model and how to fix it [J]. ISSA Journal，2010（7）：12-21.

② 齐白. 全球风险社会与信息社会中的刑法 [M]. 周遵友，江溯，译. 北京：中国法制出版社，2012：308.

③ 刘双阳. 衍生数据刑法保护进路的多重考察—兼论财产权客体的时代变迁 [J]. 科技与法律，2020（3）：88.

④ 齐白. 全球风险社会与信息社会中的刑法 [M]. 周遵友，江溯，译. 北京：中国法制出版社，2012：307.

⑤ Convention on Cybercrime of Europe of 23.11.2001（ETS No.185），Title 1.

系统是一种由硬件或软件组成的设备，该设备是为自动处理数字数据而开发的。可能包括输入、输出和存储设施。可以单独使用，也可以与其他类似设备在网络中使用。‘自动’指的是不需要人工干预。‘数据处理’指的是通过执行计算机程序来操作计算机系统中的数据。‘计算机程序’是可以由计算机执行以达到预期结果的一组指令。一台计算机可以运行不同的程序。计算机系统通常由不同的设备（区分为处理器和中央处理单元）和外围设备组成。‘外围设备’是与处理单元交互执行某些特定功能的设备，例如打印机，视频屏幕，CD读/写器或其他存储设备”。[①]第1（b）条中明确“计算机数据的定义建立在ISO数据定义的基础上。该定义包含术语‘适合被处理’，这意味着数据以一种可以被计算机系统直接处理的形式存放。为明确本公约中的数据必须理解为电子形式或其他可直接处理形式的数据，引入了‘计算机数据’这一概念。可被自动处理的计算机数据可能是本公约定义的一种刑事犯罪的目标，也可能本公约所界定的一种调查措施的适用对象”。[②]可见，乌尔里希·齐白所言之CIA犯罪，并非单指数据犯罪，而是将针对计算机系统、计算机数据的保密性、完整性与可用性实施侵犯行为的犯罪一律统称为CIA犯罪。齐白教授书中也明确提及“‘单纯的’黑客行为指的是未经授权访问计算机系统（黑客访问的系统文件还是其他存储数据则在所不问）……计算机数据和计算机系统的保密性、完整性和可用性还受到通信信息截取，分布式拒绝服务攻击，以及病毒、网络蠕虫和特洛伊木马传播的威胁，它们都可以用作实施其他类型犯罪的基本技术手段”。[③]然而，上述犯罪技术手段并非仅以计算机

① Explanatory Report to the Convention on Cybercrime，Budapest，23. XI. 2001：23.
② Explanatory Report to the Convention on Cybercrime，Budapest，23. XI. 2001：25.
③ 齐白. 全球风险社会与信息社会中的刑法［M］. 周遵友，江溯，译. 北京：中国法制出版社，2012：308-309.

数据的保密性、可用性与完整性为攻击对象。因此，以该文献为引证论据证明针对数据安全的犯罪为CIA犯罪的观点也存在一定问题。

其三，引用学者Rossouw von Solms与Johan van Niekerk撰写的《From Information Security to Cyber Security》一文。叶良芳、应家赟文中引用该文观点作为论证理由。他们认为“数据犯罪催生了保护法益的新类型——数据安全，其内涵是由数据的保密性（confidentiality）、完整性（integrity）和可用性（availability）构建的CIA三角模型”。① 然而，其所引用原文中对CIA三角模型的描述如下“Whitman和Mattord（2009）将信息安全定义为‘信息及其关键要素的保护，包括使用、存储和传输信息的系统和硬件’……他们还确定了信息的几个关键特征，这些特征使信息在组织中具有价值。正如ISO/IEC27002（2005）中提供的定义中提到的，特征包括信息的机密性、完整性和可用性，但不仅限于这三个特征。根据Whitman和Mattord的说法，确保信息的机密性，完整性和可用性（在信息安全中也称为CIA三角模型）在传统上一直是行业标准。信息的这三个特征的安全性在今天一直和从前一样重要，但是CIA三角模型不再足以解决计算机行业变化的环境。因此，Whitman和Mattord在需要保护的信息特征列表中增加了准确性、真实性、实用性和所有权”。②叶良芳的文中似乎是倾向于对数据与信息进行整体把握，不对数据与信息再进行区分，但是尽管如此，将原文中的information security翻译为数据安全仍突破了相关术语在原生语境中的内涵。

实际上，CIA三角模型在计算机安全、数据安全与信息安全领域都被视为最基础的安全保护目标，即保密性、可用性与完整性是

---

① 应家赟，叶良芳. 侵犯域名行为的保护法益及其刑法规制［J］. 浙江学刊，2020（1）：130.

② ROSSOUW VON SOLMS，JOHAN VAN NIEKERK.From information security to cyber security［J］. Computer&Security，2013（38）：98.

计算机安全、数据安全与信息安全的基本内容，但却不是全部内容。在技术领域中，对信息安全、数据安全与计算机安全的认识差别较大：（1）关于信息安全。有学者认为信息安全包含可用性、完整性、真实性、机密性、不可否认性与其他属性；[①]有学者认为信息安全包括可靠性、可用性、可控性、秘密性、完整性、不可否认性、合法性、可预期性；[②]有学者认为信息安全包括完整性、可用性、保密性、可控性、可靠性；[③]还有学者认为信息安全包括保密性、完整性、可用性、与不可否认性。[④]（2）关于数据安全。有学者认为数据安全包括保密性、完整性与可用性；[⑤]有学者认为数据安全包括机密性、访问控制、授权修改、数据可用性。[⑥]可见，尽管对于数据安全、信息安全的具体内涵存在理解的多样性，但均认可数据安全、信息安全均以保密性、完整性与可用性为三大安全基石。从此角度看，研究数据安全的法律风险治理或档案数据安全的法律风险治理均应高度重视数据安全的保密性、完整性与可用性，但同时应尽量避免将数据安全或档案数据安全的内容限定为保密性、完整性与可用性，还应关注数据安全或档案数据安全的可控性与可靠性等其他方面的安全。

本书认为档案数据安全应至少包括保密性、完整性、可用性与可靠性等方面的内容。保密性是指只有合法授权用户才能访问档案数据，限制其他人对档案数据的非法访问，包括传输保密、存储保密与使用保密。侵犯档案数据保密性的主要行为类型是数据包嗅

---

① 张剑．信息安全技术［M］．成都：电子科学大学出版社，2015：2-4.
② 王丽娜．信息安全导论［M］．武汉：武汉大学出版社，2008：3.
③ 王春东．信息安全管理［M］．武汉：武汉大学出版社，2008：4.
④ 武金木，肖国玺，张常有．信息安全基础［M］．武汉：武汉大学出版社，2007：3.
⑤ 姚建波，杨朝琼．大数据安全与隐私［M］．成都：电子科技大学出版社，2017：44-47.
⑥ 黄勤龙，杨义先．云计算数据安全［M］．北京：北京邮电大学出版社，2018：26-28.

探、网络钓鱼、回收站搜索、键盘测录、特洛伊木马等。完整性是未经授权不可擅自改变档案数据特性，不能对档案数据进行删除、修改或增加等破坏性操作，以保证档案数据在存储、处理或传输的过程中保持不被修改、不被破坏和丢失的特性，使计算机信息系统中存储、处理或者传输的档案数据处于未受损与完整的状态。侵犯档案数据完整性的行为主要有萨米拉攻击[①]、数据欺骗工具、会话劫持等；档案数据可用性是指已授权实体一旦需要就可访问和使用的档案数据和资源的特性，"对可用性的侵害将导致授权用户无法访问数据或系统，如通过使网络堵塞而阻止合法用户进入等。典型的是分布式拒绝服务（Distributed Denial of Service，DDos）"。[②]数据完整性影响可用性，系统软件不兼容，档案数据本身不完整，或在保存过程中遭受破坏等，都会导致档案数据不可读或不可用，应关注数据可用性，实现数据共享共治。档案数据的保密性、完整性与可用性也是为立法者重点关注的三项数据安全法益。《网络安全法》第21条规定网络运营者应当按照网络安全等级保护制度的要求，履行相关安全保护义务，保障网络免受干扰、破坏或者未经授权的访问，防止网络数据泄露或者被窃取、篡改。第76条第2款明确规定了"网络安全，是指通过采取必要措施，防范对网络的攻击、侵入、干扰、破坏和非法使用以及意外事故，使网络处于稳定可靠运行的状态，以及保障网络数据的完整性、保密性、可用性的能力"。可靠性是指档案数据收集、存储、处理与传输的全生命周期内档案数据应保持真实性，即档案数据来源真实，未经技术污染与人为篡改。数字时代，只有保证档案数据真实性，档案数据价值

① 萨拉米技术（salami technique）是通过计算机程序控制自动进行的一种数据窃取行为，多采用不易觉察的手段，不断偷取、由少积多的方式进行，以达到某种犯罪目的。

② 杨志琼．我国数据犯罪的司法困境与出路：以数据安全法益为中心［J］．环球法律评论，2019（6）：159.

才能有效发挥。

3.3 档案数据安全管理与档案数据安全治理

《全国档案事业发展“十三五”规划纲要》提出“加快完善档案治理体系、提升档案治理能力”的要求，档案数据安全治理问题开始得到关注，但档案数据安全治理与档案数据安全管理仍有所区别，在研究时应予以明确。

主体方面，新《档案法》第12条规定“按照国家规定应当形成档案的机关、团体、企业事业单位和其他组织，应当建立档案工作责任制，依法健全档案管理制度”。因此，档案管理主体范围呈现明显收敛性，即主体特定。没有法定的应当形成档案义务的主体不能成为档案管理主体。档案治理主体范围较广，既包括作为管理主体的机关、团体、企业事业单位和其他组织，也包括行业或其他社会力量，甚至可以包括自然人。因此，治理主体呈现延展性，强调多机关、多主体、多部门、跨区域的协同治理。此外，档案数据更是要求打破“数据壁垒”，如若刻意强调主体身份特殊性以限制治理主体范围，不利于实现档案数据的流通共享。内容方面，管理与治理都围绕档案数据展开，但管理带有难以消除的档案管理历史主义基因，治理则应积极回应数字时代的特殊需求，强化对档案数据全域、全流程的收管存用。档案数据承载的档案属性与数据属性中档案属性为主，数据属性为次，主次不可颠倒。二者在融合发展过程中出现冲突时，要先调和，要注重吸收数据属性的优势特点；在出现不可调和的冲突时，要以档案属性相关原则为准，这是档案领域应对大数据时代机遇和挑战该有的守正创新之道。

在专业领域，档案也在走向数据化，如何界定档案数据的内涵外延，如何进行科学管理与有效治理，需要档案学者在坚守档案学学科特性的前提下，主动吸纳融合新理论、新技术、新应用，创新发展出“数据为王”时代下，档案事业独有的魅力。①

① 杨健，杨安莲，黄永勤，等. 档案数据管理与档案数据治理辨析［J］. 中国档案，2024（5）：75.

4

档案数据安全风险类型与宏观治理机制

4.1 档案数据安全法律风险类型

档案数据安全风险是指引发档案数据质量缺损、制约价值实现及其他负面损失的不确定性。[①]从档案数据风险的生成过程看，其并非单一因素引致，而是多种因素叠加造成的不良结果。这些因素既包括法治因素，也包括技术与管理因素。[②]

以类别作为划分标准，可以将现有档案数据安全风险分为如下内容：

第一，法律因素引致的安全风险。没有规矩不成方圆，规矩是行事之根本。任何人从事任何事情都不可以逾越法律底线，否则将触发法律风险，引致法律责任。良法才能善治，法律体系不健全可能会引发档案数据安全管理风险。当前，数据安全问题已受到重视，《中华人民共和国国家安全法》（以下简称《国家安全法》）等相继出台。但是，档案数据安全的组织框架、决策机制、战略规划尚不完善，缺乏体系思维，与《国家安全法》等信息数据保护基本法衔接并不充分。

首先，新《档案法》与《数据安全法》保护范围衔接不畅。电子档案是档案的重要形态，电子档案的载体即是档案数据，因此，档案数据安全是档案安全的重要组成部分，也是数据安全的重要组成部分。对档案数据安全提供的法律保护应兼顾《数据安全法》与新《档案法》的规定并做好两者的衔接协调工作。但与《数据安全法》相较，新《档案法》并没有针对电子档案进行分级分类，也未配置安全风险评估预警、过程性风险审查评估、风险发生后补救追责等相应的

---

① 冯惠玲. 电子文件风险管理［M］. 北京：中国人民大学出版社，2008：27.
② 孙向阳，杨智勇. 大数据时代档案数据安全治理模型构建［J］. 山西档案，2022（2）：99.

责任条款。新《档案法》仍仅聚焦于档案管理，没有在全国性整体数据安全场域下分析档案数据安全法律风险治理问题，这容易导致学界与业界对档案部门参与档案数据安全协作治理工作的合法性与必要性认识不够。

以档案数据跨境流动规则为例，新《档案法》对于档案数据跨境流动问题规定并不清晰，作为重要数据的档案数据跨境流动是否应允许档案部门参与管理以及档案出境审批是否需要与数据管理部门协商，均是当下需要解决的重要问题。《数据安全法》第31条规定："关键信息基础设施的运营者在中华人民共和国境内运营中收集和产生的重要数据的出境安全管理，适用《中华人民共和国网络安全法》的规定；其他数据处理者在中华人民共和国境内运营中收集和产生的重要数据的出境安全管理办法，由国家网信部门会同国务院有关部门制定。"但其他数据处理者在中华人民共和国境内运营中收集和产生的重要数据的出境安全管理办法有待进一步出台明确。同时，重要数据出境相关规范基本均处于征求意见稿或草稿状态，且并未涉及档案数据出境过程中的档案数据安全风险防控问题。新《档案法》作为档案管理的基本法，在档案数据出境问题方面为适应新载体形式，扩展了档案出境形态，明确运送、邮寄、携带出境和通过互联网传输出境均是档案出境的形式。然而，相关规定仍停留在概括性表述层面，现有规范关注实体档案出境问题，对互联网传输形式档案数据跨境问题缺乏必要的明确性规定，如审批监管主体不明确，审查形式、标准及流程不清晰，审查效率不高，审查推诿现象常发。[①]因此，本书认为应参考《数据安全法》等其他新立部门法，补充完善新《档案法》及《中华人民共和国档案法实施条例》（以下简称《档案法实施条

① 耿志杰，刘志森．档案数据互联网传输出境的实施困境与完善策略［J］．浙江档案，2021（3）：24-26.

例》），适应新形势下档案数据安全保护管理需要，明确档案数据跨境传输的规则程序与法律后果。当然，此问题仅是档案数据安全立法方面应关注的问题之一，其他问题本书后文会详述。

其次，档案法与刑法制度衔接不畅。重点为计算机信息系统罪名衔接不畅。计算机信息系统罪名主要包括非法侵入计算机信息系统罪、非法获取计算机信息系统数据罪、非法控制计算机信息系统罪与破坏计算机信息系统罪。然而，刑法中长期存在将数据视为计算机信息系统的附属品予以保护的问题，即数据保护依赖计算机信息系统安全保护。①近些年，越来越多的刑法学者研究了数据安全法益的独立性，但尚未立法，以上问题仍存在，并已传导至档案数据安全法律风险治理领域。除法益层面的理解问题外，刑事立法问题也直接影响档案数据安全的刑法保护效果。罪刑法定原则是刑法的基本原则，也是法治的基本原则，②可以说，在刑法中再怎么强调罪刑法定原则的价值都不为过。作为刑事司法的前提与根基，某一行为只有符合已被成文化的刑法条文之规定才能被评价为刑事犯罪，如若没有刑事立法条文的支撑，任何刑事司法活动都会成为无源之水、无根之木。计算机信息系统犯罪罪名立法存在如下亟待克服的问题：相关问题将直接影响对档案数据安全法律风险的治理，新《档案法》与其他档案立法未来修法时的选择。主要表现在如下方面：

其一，现行《刑法》第285条第2款规定："违反国家规定，侵入国家事务、国防建设、尖端科学技术领域的计算机信息系统的，处三年以下有期徒刑或者拘役。"学者们认为既然刑法已经明确将非法获取计算机信息系统数据罪的适用范围排除在"国家事务、国防建设、尖端科学技术领域"外，就应依照罪刑法定原则的要求，照本执行。

① 熊波．论数据法益独立性刑法模式［J］．安徽大学学报（哲学社会科学版），2023，47（2）：67-76.

② 刘艳红．罪刑法定原则的中国困境［J］．中国检察官，2019（13）：21.

然而，事情却并非如此简单，目前司法实践中使用的“国家事务、国防建设、尖端科学技术领域”的判断规则为2011年《关于办理危害计算机信息系统安全刑事案件应用法律若干问题的解释》（以下简称《计算机犯罪解释》）中的第十条之规定：“对于是否属于刑法第二百八十五条、第二百八十六条规定的‘国家事务、国防建设、尖端科学技术领域的计算机信息系统’‘专门用于侵入、非法控制计算机信息系统的程序、工具’‘计算机病毒等破坏性程序’难以确定的，应当委托省级以上负责计算机信息系统安全保护工作的部门检验。司法机关根据检验结论，并结合案件具体情况认定。”这意味着1997年《刑法》到2009年《中华人民共和国刑法修正案（七》（以下简称《刑修（七）》）出台期间直接涉及罪与非罪问题的“国家事务、国防建设、尖端科学技术领域”的计算机信息系统之判断规则长期空置，导致司法者一念便可决定被告人“是否下炼狱”的不良司法现象。2009年《刑修（七）》增设了非法获取计算机信息系统数据罪后，对于“国家事务、国防建设、尖端科学技术领域”计算机信息系统的判断转化为影响重罪与轻罪、此罪与彼罪的重要项目，使之又呈现出“一面是非法侵入计算机信息系统罪之轻罪，一面是非法获取计算机信息系统数据罪之重罪”的问题。由此可见，在非法获取计算机信息系统数据罪与非法侵入计算机信息系统罪的立法制定时，是否以“国家事务、国防建设、尖端科学技术领域”的计算机信息系统为标准区分二者，为司法实践中两罪适用时的纠缠不清埋下了伏笔，也影响到对档案数据的保护。

中华人民共和国最高人民法院和最高人民检察院（以下简称“两高”期望通过《计算机犯罪解释》解决多年的、没有统一规则的各地、各级司法机关认定是否属于“国家事务、国防建设、尖端科学技术领域的计算机信息系统”的判断充满随意性的问题。可是，两高的这一努力从司法实践看不大理想。比如，在“李某等非法侵入计算机信息系统案”和“王某非法获取计算机信息系统数据案”中，两案的法官对是否属于“国家事务、国防建设、尖端科学技术领域”中的计算机信息系统之判断便各不相同。“在李案中被入侵的是广州市交警支队网上车管所的计算机信息系统，王案中被入侵的是重庆市公安局交通管理局网上车管所。二者虽都是网上车管所，但是在李案中，审理法官认为广州市交警支队网上车管所的计算机信息系统属于三大领域的计算机信息系统；而在王案中，审理法官则认为重庆市公安局交通管理局网上车管所的计算机信息系统属于三大领域以外的计算机信息系统。可见，网上车管所是否属于三大领域的计算机信息系统，法官意见并不相同”。①可见，由于“国家事务、国防建设、尖端科学技术领域”的计算机信息系统这一立法表述，使得非法获取计算机信息系统数据罪、侵入计算机信息系统罪等在司法实践中长期处于模棱两可、边界不清的状态，这必然会使得计算机信息系统犯罪司法适用中出现适用争议。交通管理局网上车管所计算机信息系统中存储、处理与传输的有关驾驶人员数据、违章违规数据、车辆数据等无疑属于档案数据，以上同案不同判问题，必然影响对此类档案数据的刑法保护。

其二，《刑法》第285条第2款与第286条第2款间存在行为手段的重合，即控制行为与破坏行为间存在重合。第285条第2款规定：“违反国家规定，侵入前款规定以外的计算机信息系统或者采用其他技术手段，获取该计算机信息系统中存储、处理或者传输的数据，或者对该计算机信息系统实施非法控制。”②如果只从控制程度看，本罪控制以是否完全排除控制人之控制为标准可分为：（1）完全排除控

① 徐剑．对象型网络犯罪的刑事政策应对［J］．河北法学，2016（8）：145.
② 袁博．论“流量劫持”的民刑法律责任［N］．上海法治报，2015-11-25.

制人控制的非法控制行为。(2) 不完全排除控制人控制的非法控制行为，比如说通过向他人计算机信息系统中植入可以实施网络攻击活动的木马程序，但是该木马程序并不会影响计算机信息系统本身的运行，在控制人仍可控制计算机信息系统的同时，系统的部分控制权被实际剥夺。[①]从而，在单纯的非法控制行为与单纯的非法破坏行为外，还存在着两种行为交错并存的现象。非法控制行为既可能通过破坏计算机信息系统而实现非法控制，也可能不通过破坏计算机信息系统而实现非法控制。同样，破坏行为既可能通过破坏计算机信息系统实现对其非法控制，也可能并不对计算机信息系统本身进行控制，而是破坏计算机信息系统，造成其功能全部或部分紊乱。对于二罪间的关系，甚至有论者提出“破坏计算机信息系统罪与非法控制计算机信息系统罪立法规制粗疏、行为类型宽泛，在司法实务中罪名适用混乱，出现了前罪与后罪不当挤压，后罪从前罪‘口中夺食’的奇特现象”。[②]此立法不足必将导致当具体案件中出现涉案行为人以技术手段侵入或者控制某档案数据管理系统时的定罪量刑疑难问题。

其三，对比域内外立法，我国的计算机信息系统犯罪立法明显不成体系且法定刑较重。首先，《刑法》第286条没有明确破坏数据安全与破坏计算机信息系统功能间的关系，对破坏数据安全与破坏计算机信息系统功能法益的犯罪设置相同的法定刑。其次，第286条的法定刑设置偏高，两档法定刑幅度第一档为五年以下，第二档为五年以上，这使得本罪与他罪发生竞合时常须从一重适用之。再次，非法侵入计算机信息系统罪与非法获取计算机信息系统罪间存在罪刑失衡问题，利用技术手段对处于非重点领域的计算机信息系统中存储、处理

① 叶良芳. 刑法教义学视角下流量劫持行为的性质探究 [J]. 中州学刊，2016 (8): 47.

② 王禹. 计算机信息系统犯罪的行为透视——以“破坏”和“非法控制”的界限与竞合为视角 [J]. 江西警察学院学报，2019 (2): 108.

或者传输的数据进行非法获取，情节特别严重可被判处三年以上七年以下有期徒刑，而对于重点领域的计算机信息系统中存储、处理或者传输之数据，如果实行行为未侵犯到其他被刑法保护的法益，只能适用三年以下有期徒刑或拘役。这明显有悖于对重要领域、重大法益进行重点保护的基本法理。最后，破坏计算机信息系统罪第2款的法定刑设置全部为自由刑，未设置“单处罚金”之刑。时至今日，“刑法意义上的计算机信息系统已经遍布绝大部分居民的身边，破坏计算机信息系统行为发生可能性大大提升，仍按照原本较低的入罪标准以及较高的起刑点，很可能会造成罪责刑不均衡的问题，尤其是与采用普通方式实施的犯罪相比，本罪的适用将陷入更为尴尬的境地”。[①]

当然，计算机信息系统犯罪的刑事立法问题绝非仅此三点。也正是基于以上判断，本书认为借用计算机信息系统犯罪罪名保护档案数据安全，或者说治理档案数据安全法律风险略显乏力。

与档案犯罪罪名衔接不畅问题客观存在。我国《刑法》第329条规定“抢夺、窃取国家所有的档案的”和“擅自出卖、转让国家所有的档案”以调整档案犯罪。但以上罪名存在行为手段单一与保护对象狭窄的问题。行为手段方面，新《档案法》规定了多种严重档案违法行为，《刑法》仅处罚抢夺、窃取、擅自出卖与转让行为。新《档案法》保护国有与非国有档案，《刑法》仅惩处针对国有档案实施的犯罪行为，这也就意味着针对非国有档案实施前述行为，不能认定构成刑事犯罪。在档案犯罪方面，《刑法》还规定了隐匿、故意销毁会计档案罪，但保护对象仅限于电子会计档案，范围进一步缩窄。在档案数据逐渐成为档案信息主要存储形态的情形下，以上罪名在司法实务应用中会遇到诸多问题。比如，数据具有非排他性，一方的占有不会排除

① 胡春健，孙伟．破坏计算机信息系统罪的规范分析［J］．中国检察官，2019（4）：45.

对方的占有。因此，以数据形式存在的档案数据完全可能由国有或非国有单位同时占有。此时，该档案数据是否属于《刑法》保护的国有档案？再如，数字世界的窃取与物理世界的窃取不同，物理世界的窃取具有直接排他性，讲究的是控制权的实际转移，一份档案被他人窃取意味着存储该档案的物理载体也被窃取。然而，数字世界的窃取不同，不关注控制权的转移，只要是采用下载、复制、浏览等方式造成档案数据保密性受损的行为，都可能被评价为窃取。此外，还应关注的是，档案数字化工作中违纪违法现象时有发生，如出现违规扫描、档案数据存储载体丢失、违规复制扩散档案数据行为，这些行为受到的惩处仅仅是纪律处分而无一受到刑事处罚，[①]这表明面对档案数字化改革浪潮，档案犯罪罪名有被虚置化的风险。除实体法层面的衔接不畅外，档案执法与刑事司法衔接不畅问题也较为明显。档案犯罪作为典型的法定犯，兼具行政违法与刑事犯罪双重属性。因此，认定档案犯罪的成立往往需要具有前置档案主管部门的违法性认定与公检法机关的刑事犯罪性认定，二者缺一不可。然而，档案行政执法与刑事司法的衔接并不顺畅，实践中有案不移、有案不立、以罚代刑的现象时有发生。学界也缺乏对档案数据安全领域行刑衔接现状、行刑衔接困境、行刑衔接不畅原因及未来行刑衔接调适路径的系统化研究。这导致相关问题长期存在，但却无法得到有效解决，严重影响档案数据安全事业的稳健推进。

与民事法衔接不畅的问题客观存在。档案数据权并非仅是公法性权利，而是兼具公法与私法双重属性。从公法方面看，档案数据权影响国家主权与社会稳定。因此，应既关注档案部门对档案数据权的管理权责配置问题，又要提升对侵犯档案数据安全行为的公法惩治强度，尤其是要提高刑法惩治强度；从私法方面看，多数档案数据源自

① 李宇斐. 档案数字化工作要谨防失泄密 [J]. 保密工作，2018 (12)：33-35.

独立自然人，具有极强的可识别性与隐私性。因此，对于档案数据权的有效保护，直接关系到公民个人信息权与公民隐私权的落实。此外，数字时代档案数据具有极强的经济价值，自然人是否享有档案数据所有权、处置权、使用权等问题也成为摆在立法者面前的重难点问题。档案数据立法未对档案数据以上问题进行积极正面回应，导致极易出现档案数据安全违法违规问题。以隐私权保护为例，档案数据处理者在存储、处理或者传输、利用档案数据的过程中，极可能在用户不知情的情况下，暴露档案数据来源主体的生活隐私与个人信息，但我国相关法律体系关于隐私权的规定并未指出包括档案数据隐私权的相关内容。同时，在档案数据应用过程中，还可能涉及档案数据知识产权的确权、赋权与用权问题。传统档案多为孤本，档案转移过程中一般不存在所有权、处置权和使用权分离的问题。档案数据不同，其本体与内容可分离。甚至可以说，档案数据所有权与使用权分离现象已成为常态。从而，传统意义上的“原始性”概念在档案数据应用领域可能失去意义，但目前档案数据安全法治体系并没有针对相关问题进行明确，以致形成实务难题。

第二，管理因素引致的安全风险。档案数据的收集、存储、处理、传输与消灭等全生命周期内都需要合理、科学的管理制度。从类别看，管理制度可分为业务管理制度、人才管理制度与平台管理制度。业务管理制度主要指向各岗位的人员配置与权责分配，通过定职定岗，尽可能减少因管理意识薄弱、松懈、不当等引发的档案数据安全风险问题；人才管理制度重点关注的应是档案专业人才的培养工作，人才是兴邦之根本，也是法治谋划、制度落实的重要基础。缺乏必要的档案专业人才，档案事业建设进程必将缓慢。档案专业人才培养应顺应时代要求，在数字时代注重提升其技术能力，加强对人工智能、区块链等新型技术的理解与应用能力。还应重视档案安全人才的培养，通过系统性培训，梳理档案安全痛点与应对策略，确保档案安全人员可以在档案工作全流程起到事前预防、事中处突与事后挽损的必要作用。平台管理制度是指档案数据平台的管理制度，此项管理制度应兼顾业务体系与数据全生命流程周期，在数据收集、存储、处理与消灭等各生命环节确定业务职责。当然，还应着力优化平台管理模式，引进新型技术，克服传统科层管理体制的弊端。科层制强调管理体制应分权、专业与制度化。分权强调权力分享与对抗；专业强调职责细化与独立；制度化强调规范与规则，追求公开明确的治理。科层制能够获得最高程度的效率，而且从这个角度来说，是已知的对人的行为进行控制的最理性方法。因此，科层制的优势在于借助制度消除"人"的因素，解决"人治"政府痼病，将政府治理模式由个人崇拜转化为法理崇拜，实现可预测、稳定的治理。"然而，科层制也存在一定问题，科层可能带来管理体制僵化、行为模式固定。如果不能及时予以克服，将导致部门利益、个人利益优先的不良治理格局。本意是提升治理效率的科层工具将受到帕金森定律的规模膨胀与低效率、集体非理性的群体决策、政策执行中的合谋与扭曲等负面机制破坏。以上问题呈现到档案管理领域就会使档案管理出现僵，即官僚主义；散，即各自为政；慢，即因循守旧；狭，即覆盖面窄。"[①]这对档案事业建设呈反功能状态，严重阻碍档案事业的高质量发展。因此，在档案数据管理平台建设的过程中要注意引入新型技术消除科层反功能带来的弊端。

以区块链为技术基础的联盟链，具有革新科层档案管理体制，改变传统中心化档案治理机制，建立多中心、扁平化新型信任档案数据管理平台运行机制的功能。联盟链是相对于公有链与私有链而言的区块链形态。私有链采用中心化结构，未采用区块链去中心化

① 刘炳辉. 党政科层制：当代中国治体的核心结构［J］. 文化纵横，2019（2）：35.

技术，背离区块链的设计初衷。档案数据管理平台建设中，采用私有链技术虽能够克服传统档案数据平台可能出现的单点故障等弊病，提升平台档案数据安全与数据恢复能力，但却可能由于中心节点权力过大使其重回科层机制。因此，私有链技术与追求开放共享、多元共治的档案数据管理平台建设目标很难相融。与私有链不同，公有链坚持完全去中心化，反对中心节点权威。档案管理平台建设中，如采用公有链技术，将可能导致档案主管部门丧失对档案数据的管理权限，公有链反政府监管主义倾向与档案数据安全保护目标背道而驰。

联盟链很好地克服了公有链与私有链的技术弊端，具有独特的技术优势。一方面，联盟链既反对绝对中心化，也反对绝对去中心化，采用的是折中的多中心机制。应用多中心机制的联盟链建构档案数据管理平台能增强档案数据容灾与恢复能力。目前，一些地方已开始建构档案数据管理平台，但多以HTTP协议为基础建构中心化数据库，此类传统中心化数据库容易出现单点故障（SPOF）问题，一旦中心档案数据库或操作系统被攻破，则档案数据管理平台即陷入瘫痪。而基于IPTS星际文件系统建构的多中心机制可以有效化解此问题，某一节点出现故障时，并不影响其他节点的正常运行。各拥有存储、处理与传输数据权限的IPTS中心节点，均可以根据既有规则全程记录、跟踪数据操作痕迹，实现档案数据安全的有效监管。另一方面，联盟链的核心技术是时间戳与非对称加密。凡是存储于联盟链上的档案数据区块头均会被标记时间，任何数据处理活动都会被记录在链上节点，以此实现对政府数据的全程追溯与智能监管。同时，基于联盟链技术建构的档案数据管理平台还为公众反馈数据问题提供了必要的途径，公众可以利用有限节点反馈其数据使用需求。甚至，当公众节点在应用档案数据的过程中发现档案数据存在问题时，可及时将相关问题传达给档案主管部门。档案主管部门通过其控制的具有删除数据权限的节点对相关问题予以解决并广播至全网。再者，应用联盟链技术建设档案数据管理平台可提升档案数据质量。机器可读与格式统一是档案数据管理平台建设的目标。联盟链采用智能合约等共识机制可精准克服政府数据格式问题，通过事先嵌入各超级监管节点形成通识的智能合约代码，实现技术程序自动化运行，打破档案数据管理部门各自为政的数据处理格局，提高档案数据共享的及时性与标准化，解决政务数据开放格式混乱、读取权限不一、质量标准参差不齐等问题。

总之，“面对科层政府与中国党政体制结合所形成的独特治理结构与治理短板，新时期的数字政府建设成为突围科层制政府治理局限，突破条款分割治理结构、弥补科层治理漏洞的有效改革路径”。[①]联盟链是克服档案数据管理平台科层反功能问题的有效技术。须注意，联盟链的多中心机制与科层制并不冲突，甚至还应承认科层制在整体动员方面具有不可替代的作用。全国档案数据体量巨大，没有国家基于科层制进行权责分级分层分类配置，很难实现全国一盘棋。联盟链的建设也是在科层制有效运行基础上的，“没有官僚体制的机构，除了那些自己还占有供应物资的人（农民）外，对所有的人来说，现代的生存可能性都将不复存在”。[②]从而，科层制虽广受诟病，但未必积重难返，[③]“一般情况下，它也干脆地继续发挥其职能”。[④]

① 江文路，张小劲．以数字政府突围科层制政府——比较视野下的数字政府建设与演化图景［J］．经济社会体制比较，2021（6）：102.

② 韦伯．经济与社会（上卷）［M］．林荣远，译．北京：商务印书馆，1997：249.

③ 彼得斯．政府未来的治理模式［M］．吴爱明，译．北京：中国人民大学出版社，2001：157.

④ 高奇琦．将区块链融入科层制：科层区块链的融合形态初探［J］．中国行政管理，2021（7）：73.

4.2 档案数据安全风险治理目标

档案工作的系统性、专业性，数据安全的广泛性、层次性决定了档案数据安全风险治理在不同纬度、不同坐标具有不同的主体和目标。探讨档案数据安全风险治理目标问题，有必要对前文已经提到的数据信息分层理论进一步阐释。数据信息分层理论是指在计算机信息系统中，数据具有一体多面性，同一数据在不同维度具有不同含义，针对的是相互关联的不同层面的事项。[①]根据 OSI（open system interconnect）参考模型，标准互联网有七层框架（物理层、数据链路层、网络层、传输层、会话层、表示层和应用层）。一个需要传输的信息需要在上述七层框架中层层转换，才能由一个主机传送到另外一个主机。[②]劳伦斯·莱斯格在该基础上又对分层思想予以详细展开。[③]

德国学者蔡希（Zech）从不同层面所包含的信息内容来加以分析，将内容层、代码层与物理层的信息分为结构性信息、符号层面的信息和语义层面的信息。[④]其中，结构性信息相当于劳伦斯·莱斯格所提出的物理层，主要是指用于存储信息的物质载体或者本身包含了信息的特定物质实体。[⑤]符号层面的信息对应的是劳伦斯·莱斯格提出的代码层，符号层面的信息“虽然也可以承载特定的信息内容（语

---

① 朱宣烨．数据分层与侵犯网络虚拟财产犯罪研究［J］．法学杂志，2020（6）：124-126

② 崔维．计算机网络基础［M］．石家庄：河北科学技术出版社，2008：55-56．

③ 莱斯格．思想的未来——网络时代公共知识领域的警示喻言［M］．李旭，译．北京：中信出版社，2004：23．

④ 与纪海龙教授不同，王镭博士将德国学者蔡希教授的分层译为语义信息层面——数据信息内容、句法信息层面——数据符号、实体信息层面等三个分层，三者分别对应纪海龙教授译述的结构性的信息、符号层面的信息与语义层面的信息。纪海龙．数据的私法定位与保护［J］．法学研究，2018（6）：73．王镭．“拷问”数据财产权——以信息与数据的层面划分为视角［J］．华中科技大学学报（社会科学版），2019（4）：105．

⑤ HERBERT ZECH.Information as Property［J］．Journal of Intellectual Property，Information Technology and Electronic Commerce，2015（6）：194．

义信息），但其是通过符号间的逻辑关系来界定和表示信息，又独立于其可能承载的信息内容。因此，即便是一连串无意义的代码，也仍然构成句法信息。句法信息是否承载着特定语义信息并不影响句法信息的独立存在，而只是影响其价值大小……电子数据、数据库在内的二进制代码构成的各类数据符号也是目前最常见和最为重要的句法信息”。[①]语义信息则是指特定含义的信息，比如我们谈论新闻、故事或者书的“内容”时，指的是语义层面的信息。

我国法学研究领域，纪海龙在引入语言符号学基础上将数据分为物理层、符号层与内容层。物理层即为符号之物理载体，比如计算机硬件设备，符号层即指单纯的数据文件，即本书所指“数据”，内容层则指向信息内容，即指一切有意义的信息。[②]在其看来，“符号层面的数据文件应当与内容层面的数据信息严格区分。数据文件是信息的表现形式，而数据信息则是数据文件蕴含的信息内容”。[③]同样运用符号语言学的相关知识，王镭将数据分为数据信息内容层面（语义信息）、数据符号层面（句法信息）以及实体层面。数据信息内容层面即为纪海龙教授所指内容层，指向的是信息所包含的特定意义内容；数据符号层面即为纪海龙教授所指符号层，该层面关注的是通过一定数量的符号及符号之间的逻辑关系而界定的信息。实体层面即为纪海龙教授所指的物理层，指向的是存在数据物质载体。在其看来，“以代码形式存在的数据符号本身并不属于在语义层面被界定的信息，虽然数据符号中往往包含了特定的信息内容，但该信息内容与代

① 王镭．“拷问”数据财产权——以信息与数据的层面划分为视角［J］．华中科技大学学报（社会科学版），2019（4）：105．

② 在纪海龙教授的文中，用“数据文件”一词指代单纯的数据，即符号层的数据；而用“数据信息”来指代数据所包含的信息内容，即内容层的信息；而“数据”一词，如无特指，则覆盖数据文件和数据信息两个侧面的含义。纪海龙．数据的私法定位与保护［J］．法学研究，2018（6）：73．

③ 纪海龙．数据的私法定位与保护［J］．法学研究，2018（6）：72．

码进行编排表达的数据符号本身则是彼此独立，分属不同层面”。[①]与之相似，韩旭至直接参考了劳伦斯·莱斯格的分层理论，认可代码层可对应法律中的数据，内容层可对应法律中的信息。[②]欧阳本祺也借鉴了劳伦斯·莱斯格提出的“分层理论”，提出位于代码层的代码与位于内容层的有意义之信息分属于不同的层面。[③]基于此，欧阳本祺认为代码与虚拟财产属于同一事物不同层面的东西，“人们所能够感知的游戏角色、游戏装备、游戏道具等虚拟财产都处于网络系统的‘内容层’，这种内容本身属于思想的产物和客观的精神世界，不是刑法调整的对象。建构虚拟财产的代码居于网络系统的中间层，属于计算机信息系统数据，是刑法的调整对象”。[④]

如前文所述，法律上长期以来注重保护处于内容层的信息，而忽视对代码层的数据进行独立保护，在民法上长期有学者主张以二进制代码形式存在的数据符号缺乏法律客体性，民事法律没有必要对其进行保护和调整，只要保护数据的信息内容即可。[⑤]但近年来信息技术尤其是大数据技术的迅猛发展极大地扩展了处于代码层数据符号的功能和价值，同时增强了其独立性。首先，数据存储、传输技术的进步弱化了数据符号对实体存储载体的依附性。特别是在“云计算”和“分布式存储”技术下，用户可通过网络随时随地上传、下载其保存于云端服务器中的数据。这些数据通常被云服务提供商分散存储在世界各个角落的实体存储服务器中，确定具体的存储载体既无可能也无

① 句法信息虽然也可以承载特定的信息内容（语义信息），但其是通过符号间的逻辑关系来界定和表示信息，又独立于其可能承载的信息内容，因此即使是一连串无意义的代码，也仍然构成句法信息。王镭．“拷问”数据财产权——以信息与数据的层面划分为视角［J］．华中科技大学学报（社会科学版），2019（4）：105.

② 韩旭至．信息权利范畴的模糊性使用及其后果——基于对信息、数据混用的分析［J］．华东政法大学学报，2020（1）：85.

③ 欧阳本祺．论虚拟财产的刑法保护［J］．政治与法律，2019（9）：50.

④ 欧阳本祺．论虚拟财产的刑法保护［J］．政治与法律，2019（9）：50.

⑤ 程啸．论大数据时代的个人权利［J］．中国社会科学，2018（3）：102-122.

必要。[①]其次，数据与人类行为创造之间的联系日趋弱化。如今越来越多的数据并非直接产生于人类智力创造活动，而是在机器、程序的运行中或者在人们使用网络设备或服务的过程中附带产生的。最后，数据符号与其承载的信息内容日益彼此独立。对于由二进制代码组成的数据符号而言，其是否承载以及承载了何种信息已不再重要。机器在运行过程中自动产生或收集的应用数据也只能通过机器识别并在机器之间相互传输，无法也无须被人类所直接感知和识别。其往往只是后续大数据分析的“原材料”。总之，物理载体、数据代码与信息内容之间的关联虽日益紧密，但又相互独立，数据代码在数据经济中的重要性和作为法律客体的意义日益凸显。基于数据信息分层理论，在研究档案数据安全风险治理问题和确定档案数据安全风险治理目标时，应至少从基于档案安全涉及国家安全、档案数据本体安全、档案数据内容安全等层次展开：

其一，应确保基于档案数据安全的国家安全。档案数据是国家战略资源，能够捍卫国家利益、拉动经济增长、促进科技创新与文化繁荣。因此，档案数据安全风险治理的首要目标应是确保档案数据涉及的国家安全。各国对本国内的档案数据均享有档案数据主权，拥有独立控制与管理本国档案数据的权力。基于此，我国在进行档案数据风险法律治理时，应一方面以国家安全观为指引，健全档案数据安全治理体系，规划实施国家档案数据安全战略政策，建立国家档案数据安全工作协调机制，统筹协调国家档案数据安全工作和重大事项，提高档案数据安全保障能力；另一方面，加强档案数据安全法律风险治理的国际合作，提升档案数据安全法律风险治理的国际话语权，以确保国家档案数据跨境安全流动、平稳可靠运行、独立自主掌控、主权牢

① HERBERT ZECH. Information as Property ［J］. Journal of Intellectual Property, Information Technology and Electronic Commerce Law, 2015 (6): 193.

固安稳。

其二，确保档案数据本体安全。本体安全是档案数据安全保障的核心与关键，确保档案数据本体安全需要准确把握档案数据质量控制标准。档案数据质量体现在真实性、可靠性、完整性、可用性、保密性与可读性等不同方面。真实性是指档案数据来源真实、应用处理过程中修改真实，能被评价为对信息精准、可靠记录；可靠性是指档案数据内容符合客观实际情况，符合所记载的事项；完整性是指档案数据未经许可不可篡改，保持其数据生成内容与逻辑结构的完整性，档案数据参数齐全；可用性是指档案数据可根据不同目的予以使用，档案用户可顺利根据规则查找、安全应用档案数据；保密性则是指档案数据未经授权不允许任何单位与个人进行查询，更不能以非法手段窃取档案数据，以保障档案数据的秘密性，确保重要、机密、秘密和敏感档案数据不被泄露；可读性，指档案数据可被机器设备读取，且能在迁移数据后被有效读取，不失真、不失效、不失序。

目前，法律重视对档案数据真实性、可靠性、完整性、可用性与保密性的特别保护。比如，《刑法》即惩处篡改、窃取国有档案的行为，此处保护的国有档案必然包括以数据态形式存在的档案数据，该罪名设定目的即是维持档案数据的完整性与保密性。此外，《刑法》还通过非法获取计算机信息系统数据罪惩处违反国家规定，侵入或利用其他技术手段非法获取计算机信息系统数据的行为。破坏计算机信息系统罪惩处违反国家规定，对计算机信息系统中存储、处理或者传输的数据进行删除、修改或者增加的行为，该罪名也可附属性保护档案数据的完整性、可靠性与可用性，惩治非法删除、修改或者增加档案数据，致使档案数据完整性、可靠性与可用性受损的行为。然而，本书认为在未来应加强对档案数据可读性、及时性的保护。档案数据应用的核心在于机器可读，即应用数字技术对档案数据进行任务分析，并将分析结果运用于具体的场景。因而，如果不同档案主管部门收集、存储、处理或者传输档案数据时采用不同的记录格式，会导致安装不同设备的计算机信息系统可读取的档案数据内容不同，必将人为影响档案数据的共享互通。此外，作为对信息或历史的记录，在满足真实、可靠、完整与可用的前提下，应根据情态的发展及时更新档案数据，防止档案数据分析结果迟滞于客观现实，进而影响基于档案数据分析结果得出的应用结论。

其三，确保档案信息内容安全。数字时代档案数据本体具有独立保护价值，其承载的信息内容也较为重要。档案信息内容安全又可以分为档案信息安全、档案财产安全与知识产权安全等不同层次。以档案信息安全为例，信息安全作为档案数据承载的内容之一，是档案数据安全保护的直接目标。如果从日常语境看，档案数据安全与档案信息安全在很多情形下属于一体两面，是互相交融的安全内容。实践中，档案信息安全的保护也包括信息保密性、信息完整性、信息可用性、信息可靠性等几个方面的内容。数字时代更应强调对档案信息安全的保护，理由在于传统载体档案很难修改，相关信息修改后极易被发现，但档案数据删除、修改、增加极为方便，系统崩溃、网络侵入、病毒攻击、非法窃取、动态更新等问题都可能导致档案信息安全受损。因此，新《档案法》第35条规定档案馆和机关、团体、企业事业单位以及其他组织应当加强档案信息化建设，并采取措施保障档案信息安全；第39条规定电子档案应当通过符合安全管理要求的网络或者存储介质向档案馆移交。此外，数字时代档案信息传递风险剧增，应强化对档案数据传递安全的保护，明确档案数据传递保密规定，配置档案数据传递失密惩治条款。也正是关注到该问题，新《档案法》第20条规定，涉及国家秘密的档案的管理和利用，密级的变更和解密，应当依照有关保守国家秘密的法律、行政法规规定办理；第22条规定，非国有企业、社会服务机构等单位和个人形成的档案，对国家和社会具有重要保存价值或者应当保密的……严禁出卖、赠送给外国人或者外国组织；第28条规定，利用档案涉及知识产权、个人信息的，应当遵守有关法律、行政法规的规定。

4.3 档案数据安全风险治理原则

档案数据安全风险治理，既要关注风险类型，明确治理目标，也要强调治理原则，即确定指导档案数据安全风险治理全流程的原则性要件。目前，本书认为能被称为档案数据安全风险治理原则的要件主要包括如下内容：

其一，档案数据安全风险治理应坚持中国共产党（以下简称“党”）的领导。党的领导是档案管理工作的基本要求。党管档案是中华人民共和国成立以来，由多部规范性文件确立的基础档案管理体制，也是不可动摇的档案管理体制。党管档案工作领导体制是党在档案领域领导地位的体现，也是党带领档案工作事业健康、高质量发展的必然要求。[①]中华人民共和国成立以来，党高度重视档案事业的领导管理工作，持续推进档案事业法治化建设，在党的领导下已建成具有中国特色的档案法律体系。1959年，《关于统一管理党政档案工作的通知》发布，及时调整档案工作领导体制，实行党政档案和党政档案工作统一管理体制，就此确立了具有中国特色的档案事业管理体制。新《档案法》第3条规定：“坚持中国共产党对档案工作的领导。各级人民政府应当加强档案工作，把档案事业纳入国民经济和社会发

① 周林兴，黄星．论新时代党管档案工作领导体制的实践导向——以《档案法实施条例》为中心的考察［J］．档案与建设，2024（3）：20.

展规划，将档案事业发展经费列入政府预算，确保档案事业发展与国民经济和社会发展水平相适应。”2021年，《“十四五”全国档案事业发展规划》提出，要坚持党的领导，把党的领导贯穿档案工作全过程，各方面，确保档案工作正确方向，推动党管档案工作体制机制更加完善。[①]2024年，《中华人民共和国档案法实施条例》施行，重点强调“档案工作应当坚持和加强党的领导，全面贯彻党的路线方针政策和决策部署，健全党领导档案工作的体制机制，把党的领导贯彻到档案工作各方面和各环节”。[②]除此之外，《国家安全法》第4条也明确了要“坚持中国共产党对国家安全工作的领导，建立集中统一、高效权威的国家安全领导体制”。因此，在相关法律已经明确党管档案事业重要性的情形下，各级档案主管部门和档案机构应注意党建工作，将档案数据治理列入档案管理考核目录，切实发挥党委对档案工作的领导作用。

其二，档案数据安全风险治理应贯彻总体国家安全观。《国家安全法》第2条规定：“国家安全是指国家政权、主权、统一和领土完整、人民福祉、经济社会可持续发展和国家其他重大利益相对处于没有危险和不受内外威胁的状态，以及保障持续安全状态的能力。”第3条规定：“国家安全工作应当坚持总体国家安全观，以人民安全为宗旨，以政治安全为根本，以经济安全为基础，以军事、文化、社会安全为保障，以促进国际安全为依托，维护各领域国家安全，构建国家安全体系，走中国特色国家安全道路。”数据安全是国家安全的重要内容。《数据安全法》第4条规定：“维护数据安全，应当坚持总体国家安全观，建立健全数据安全治理体系，提高数据安全保障能力。”档案数据安全也是数据安全的重要内容，《“十四五”全国档案事业

① 中办国办印发《“十四五”全国档案事业发展规划》[EB/OL]. [2024-12-13]. https://www.saac.gov.cn/daj/toutiao/202106/ecca2de5bce44a0eb55c890762868683.shtml.

② 作者根据相关资料整理。

发展规划》提出，“贯彻总体国家安全观，统筹发展和安全，坚持底线思维，强化风险防控，加强应急管理，压实安全责任，确保档案安全”。具体而言，档案数据安全与国家安全的关联主要表现在如下方面：

一方面，档案数据安全影响政治安全。政治安全是国家在政治方面免于国家内外和政治内外各种因素侵害和威胁的客观状态。从国际竞争形式看，我国政治安全仍形势严峻，须继续保持国内政权稳固与对外主权独立。[①]国内政权稳固方面重点在于确保权力归属人民，党和政府与人民的关系和谐健康。为实现此目标，新《档案法》第41条规定：“国家推进档案信息资源共享服务平台建设，推动档案数字资源跨区域、跨部门共享利用。”第28条则规定，要“积极为档案的利用创造条件，简化手续，提供便利”。以上要求均是从档案角度促进国内政权稳定的有效举措，通过加快档案资源的整合与平台建设，革新利用手段和服务方式，对方便民众生活，解决社会矛盾，激发社会发展活力意义重大。在维护国内政权稳固的同时，还应注意应对国内外分裂、渗透与颠覆势力。自中华人民共和国成立以来，党和国家始终注意民族团结，地区团结，但我国作为多民族国家，地域辽阔，在和平发展的过程中不可避免会出现各种危害国家安全的行为。档案数据安全可以保证我国从历史性的角度研究各民族“多元一体”格局的形成过程，挖掘各民族共同文化特质，推动各民族在差异中共存，聚力协助各民族维持、保护本民族特色文化，加强对中华民族一体性的认知与认同。目前，我国的民族档案工作有序开展，在国家层面对民族档案进行深入分析，回应时代要求构建中华民族共同体档案，以

① 马振超．当代中国政治安全的现实逻辑和终极价值［J］．国际安全研究，2018，36（3）：3-22；156.

发挥其在凝聚共识、维护统一方面的支撑作用。[①]

另一方面，档案数据安全影响经济安全。档案数据能记录市场经济行为，档案数据安全直接影响国家经济安全。第一，档案数据安全利于确保市场秩序稳定。档案数据的完整性与可靠性能确保市场主体在参与市场经济活动过程中，识别合作或竞争对手的过往经营情况与诚信情况，避免遭受欺骗。消费者也可以通过查询市场主体档案数据的方式，有选择性地购买商品与实施其他消费行为。健全的档案数据也可以让市场主体约束自己的行为，为正当市场活动保驾护航。第二，档案数据的分析应用也可以帮助我国抵御经济风险。在国内市场，通过分析应用市场经济档案数据可以发现市场供需情况、价格变动情况，国家可以及时采取政府调控措施应对潜在的经济风险。在国际市场，我国入世后积极参与国际竞争，逐渐取得优势地位。该过程中不免会与他国产生竞争关系，出现经济摩擦。通过分析应用相关数据，可以确保我国及时掌握国际竞争动态，调整政策应对国际市场竞争与国际市场风险，防止国际市场风险溢入国内，影响国内市场稳定。

4.4 档案数据安全风险治理架构

综上所述，数字时代档案数据安全风险治理势在必行。然而，作为综合性社会问题，档案数据安全风险有效治理并非法律、技术等单一措施可以实现的任务。在具体构建档案数据安全风险治理架构时，应注意推动法律与技术的协同，专业人士与社会力量的协同，从法治、协同与技术等多角度出发，探索档案数据安全治理体系。在法治

① 杨毅，何瓦特. 中华民族档案：民族档案的时代内涵［J］. 档案学通讯，2019（5）：13-19.

方面，应重点考察既有档案数据安全风险治理的立法漏洞与司法难题，针对性提出解决方案。在协同方面，应注意关注社会力量与专业力量的有效结合，实现档案数据治理的凝心聚力，策动多元力量共建高质量档案数据事业。在技术方面，主要考虑如何应用区块链等新兴技术，实现技术的有效应用，但也应关注技术的规训问题。

4.4.1 推动风险治理法律体系修改调适

由于此部分内容将在下文重点讨论，本处仅稍作点明，不过多叙述。一方面，应推动档案数据安全专门法治理体系的修改。新《档案法》虽已在若干方面关注到档案数据利用过程中存在的安全问题，并做了一些规定，但整体来说缺乏与《数据安全法》的衔接协调。因此，应在《数据安全法》等专门法的引导下推动档案数据安全专门法治理体系的修改。在修改过程中，建议以新《档案法》为基础，增加档案数据安全治理章节，为档案数据安全风险治理提供规范依据。徒法不足以自行，新《档案法》作为档案治理的基本法，不可能做到面面俱到，还需要加强对《档案法实施条例》的对应性修改，以及在《档案法》与《档案法实施条例》等引导下制定档案数据标准规范，实现对档案数据的分级分类、精准治理。另一方面，加强对档案数据产权的研究与保护力度。档案数据是数字时代重要的战略资源，为保护该资源，我国需要制定相应的确权、开放、流通、交易制度，完善数据产权保护制度。其中，最为关键的是确定档案数据财产权、档案数据人身权、档案数据知识产权与档案数据主权的认定范围及权力边界。

4.4.2 建构安全风险多元协同治理机制

档案问题并非易解的单一问题，而是具有复杂性特征的社会问题，需要发挥多元主体力量实现共同治理。在管理学领域，英国学者鲍勃·杰索普提出元治理概念，认为“元治理指的是国家应该在治理的监管、驾驭和协调方面发挥关键的作用，动员治理中所必要的资源，很好促成治理中的合法性和责任性”。[①]不难发现，元治理的核心即是多元协同治理。对于如何实现协同治理，学界也曾提出过若干设想。有论者提出，应形成系统完备的档案数据安全治理体系，创新档案数据安全治理方法，实现网络设施等的安全治理，打造档案数据安全共治良好环境，营造档案数据安全治理生态。[②]然而，以上理论过于笼统，适用于档案事业以外的全部风险治理领域，缺乏针对性。本书认为在档案数据安全风险治理领域，应根据数据安全全生命周期保护理论，将多元协同治理分为三个重点问题：一是档案数据形成单位的协同。档案数据形成端是档案数据安全治理的起始端，没有档案数据的形成也就不存在档案数据安全风险治理问题。因此，只有在档案数据形成端即高度重视档案数据安全风险治理问题，才能实现源头治理。一方面档案数据形成单位要高度重视档案数据质量把控，尽量确保档案数据的可读性，来源可靠且要素合规。二是档案数据管理单位的协同。档案数据管理单位应制定完备的档案数据管理制度，明确权责，加强对档案数据的存储、流转、移交与保存工作的规范化建设。同时，档案数据管理单位汇聚大量档案数据，应打破观念、机构与制度壁垒，协同制定安全技术标准，形成跨部门的协同共治。三是档案数据应用单位的协同。应用是档案数据实现价值的有效途径，也是档案数据风险治理的关键节点。因此，在通过调整产业政策、引入社会资本，实现技术创新，以推动档案数据应用质量提升的同时，还

① 孙珠峰，胡近．“元治理”理论研究：内涵、工具与评价［J］．上海交通大学学报（哲学社会科学版），2016（3）：45-50.

② 金波，晏秦．从档案管理走向档案治理的实现路径［J］．档案学研究，2019（1）：46-55.

应注意对档案数据应用单位的管理与风险控制，尽可能减少因无序扩张等导致的档案数据风险问题。

4.4.3 引入新型技术与把控新技术风险

本书前文已对引入新技术问题做了阐释，本处不再赘述。此处特别提醒，引入新型技术治理档案数据风险时，还需要注意把控新技术带来的新风险。以算法风险治理为例，算法因数学而起，本质是解决问题的计算过程，①但目前由于其应用范围超出纯粹数学范围，已成为解决事务的特定思维路径。这样就给包括档案数据安全治理的各领域对个体权益、公序良俗及公共安全等法益带来风险。②本书认为应在法治层面上予以积极回应，识别并规制档案数据算法风险。根据风险类型进行分类，档案数据算法风险主要有算法黑箱风险与算法囚徒风险。

第一，算法黑箱风险。智能算法是档案数据应用与管理的基础，即通过一系列自动化指令，告诉计算机做什么。③然而，这一本应成为便捷工具的智能算法逐渐异化为消磨与控制人自主性的工具，黑箱风险日益明显。

其一，系统黑箱。数字时代的算法不再是早期“程序员输入-计算机输出”的数学运算过程，随着朴素贝叶斯算法、随机森林算法等机器深度学习算法的运用，算法也逐渐摆脱纯粹工具属性，逐渐具备自主学习与认知能力，取代程序员成为事项决策者。甚至，程序员也无法全面理解自主学习后的新算法，及其运算过程与运算原理，解释每个运算结果。由此，系统黑箱生成，档案数据应用算法依自己的

---

① SARAH VALENTINE. Impoverished algorithms: misguided governments, flawed technologies, and social control [J]. Fordham Urban Law Journal, 2019, 46 (2): 365.

② 苏宇. 算法规制的谱系 [J]. 中国法学，2020 (3)：165.

③ 多明戈斯. 终极算法：机器学习和人工智能如何重塑世界 [M]. 黄芳萍，译，北京：中信出版集团，2017：3.

"喜好"向档案数据应用者推荐档案数据与控制档案数据应用范围。

其二，技术黑箱。档案数据算法往往是由团体程序员修改与更新的产物，这导致单一程序员难以解释全部算法技术。[①]此外，普通用户更是难以理解档案数据算法技术。因此，即便是相关部门主动公开其档案数据算法，普通档案数据应用者也难以理解方根误差（RSME）、Pearson系数、余弦相似度、BERT模型、前馈神经网络等术语的基本逻辑与含义，更不必说对档案数据算法有完整理解。

其三，法律黑箱。出于保护商业秘密的需要，"算法使用者逐渐将算法权力运用到极致，并逐渐迁移至监管真空地带，既有监管无法有效撬开算法黑箱"。[②]在人与算法之间揭开黑箱，确立信任的工作任重道远。[③]

另外，算法囚徒风险。档案数据算法在增强档案数据信息筛选方面具有强赋能作用，但同时，"算法使得大众获取信息质量的差距变得越来越大，人对自身的社会定位与走向也会间接受到禁锢，面临着成为'算法囚徒'的风险"。[④]算法囚徒风险与信息茧房风险实为一体两面，桑斯坦认为信息传播中公众自身需求并不是全方位的，其更多想要关注能使自己愉悦的领域，久而久之为自己束上"信息茧房"。[⑤]实践中，为解决海量数据资源筛选及用户黏性问题，多数智能算法系统会利用"触发—行动—多变的酬赏—投资"上瘾模型反复驯化用户，使其对算法推荐结果产生心理依赖，[⑥]限制用户信息接收范围、种类，使用户沉浸于信息茧房中无法冲破，沦为算法囚徒。然

---

① 张淑玲．破解黑箱：智媒时代的算法权力规制与透明实现机制［J］．中国出版，2018（7）：50．

② 刘友华．算法偏见及其规制路径研究［J］．法学杂志，2019（6）：56-58．

③ 苏宇．算法规制的谱系［J］．中国法学，2020（3）：165．

④ 王寅辉，张晨．智媒时代"算法囚徒"的风险及治理路径研究［J］．新闻研究导刊，2022（17）：1．

⑤ 桑斯坦．信息乌托邦［M］．毕竟悦，译．北京：法律出版社，2008：25-30．

⑥ 李志强．算法时代数字适老化的风险与规控［J］．宁夏社会科学，2023（2）：154．

而，当“个体受限于算法控制，能接收到的信息只是算法根据个体偏好筛选出来的信息，而不是那些更加中立、可能促使个体反思自身的信息，甚至不是随机性信息，长期如此，个体真正的自由可能受到威胁”。[①]

作为“被遗忘的角落”，档案学界对如何解决档案数据算法风险问题极少讨论。目前，可供借鉴的研究成果主要是在探索数字鸿沟填平、数字包容治理与弱势群体保护等问题时被顺带提出的：一是建议从基础设施完善、共享平台建设、素质教育普及与弱势群体培训等角度开展数字包容建设；[②]二是反对纯粹技术性回应，提出要对数字弱势群体信息权益进行规范处理，不应仅局限于完善信息设施、提升信息服务和信息监管。[③]这两种建议代表了技术风险规制的两种思路：“技术规制技术”与“规范规制技术”。两种规制思路均具有合理价值，应配合使用。本书认为可将算法风险应对模式分为直接应对模式与间接应对模式、单一应对模式与谱系应对模式。其中，直接应对模式直指算法风险核心问题，举措包括算法伦理、算法审查、算法备案、算法评估、算法解释与算法开源等；间接应对模式则主要是通过规范数据采集活动来实现对算法风险的控制，属于算法风险外围应对策略。直间接应对模式需结合使用，任何应对模式中的单一举措均不足以实现档案数据算法规制目标。

其一，直接应对模式之不足。直接应对模式举措较多，篇幅受限，不能一一评述，仅举三例以说明采取单一直接应对模式之不足：(1) 算法伦理之不足。算法伦理的技术内化被视为纠偏算法风险的重要工具，“主要致力于防止算法设计的目标违反法律的精神、宗旨或

---

① 丁晓东．论算法的法律规制［J］．中国社会科学，2020（12）：139.

② 卜森．公共图书馆促进数字包容的国际进展与我国对策［J］．图书馆理论与实践，2023（2）：34.

③ 宋保振．数字弱势群体信息权益保障的法律路径［J］．东北师大学报（哲学社会科学版），2021（5）：91.

法秩序所蕴含的价值内涵”。[①]然而，算法伦理在适用领域和审查方式方面受限，暂时只能采取人工审查方式，此审查方式难以匹配算法应用发展速率。同时，究竟何为算法伦理？学界仍歧见频出。因而，仅依仗算法伦理审查举措无法实现规制算法风险的目标。（2）算法公开之不足。算法公开主要被用于反算法黑箱风险。该举措发挥效用的前提是算法是黑箱，只要打开黑箱，算法即可为人知晓，受人监督，对人有用。然而，此理解显然是对算法黑箱的误读，算法黑箱并非人为刻意保持隐秘性而导致，多数算法黑箱是算法技术特性导致。在人工智能时代，复杂算法由成百上千名程序员设计而成，且夹杂命名不清的“祖传代码”。此情境下，公开算法源代码意义有限，因为即便是算法设计者都不能保证对算法充分理解。此外，算法一旦公开还将导致算法算计（gaming）与算法侵权问题。一方面，算法公开的初衷是监督算法，但算法开源后，相关主体极可能利用算法达成自己的目标，即算计算法。比如，谷歌曾依赖Page Rank算法确定搜索排序，谷歌公开算法后，很多网站利用此算法在自己网页内嵌套Page Rank算法的具有隐藏内容的网页，以提高搜索排名。出于防止算计算法的考虑，谷歌采取考虑上百种参数而综合判断的搜索算法，维持了搜索算法的秘密性。[②]另一方面，算法公开易导致算法侵权。在当前算法监管中，算法常被视为商业秘密而拒绝接受监管，此做法具有一定合理性。从商业秘密定义看，许多档案数据算法系统确实满足了秘密性、经济性等要件，无论从知识产权原理层面，还是从劳动价值理论层面，或者从促进投资目标方面看，将部分算法视为商业秘密并予以保护，都具有一定正当性基础。[③]因此，如若不作区分地要求公开档

① 苏宇. 算法规制的谱系［J］. 中国法学，2020（3）：170.
② 丁晓东. 论算法的法律规制［J］. 中国社会科学，2020（12）：144.
③ 梁志文. 论算法排他权：破除算法偏见的路径选择［J］. 政治与法律，2020（8）：105.

案数据算法，将会引致算法侵权问题。

其二，间接应对模式之不足。间接应对模式以个人数据赋权为主，即试图从算法所依赖的数据角度切入对算法进行法律规制。[①]比如，欧美国家均通过立法形式为个人设定知情同意权等个人数据权利。我国《民法典》《个人信息保护法》《数据安全法》设定知情权、同意权、查阅权、复制权、补充权、删除权等权利，以及个人数据处理者负有事前影响评估义务、删除义务、安全保障义务等。如前所述，档案数据算法本质在于利用算法技术进行档案数据的个性化应用与管理。为确保应用与管理的精确性，档案数据算法往往需要对算法用户使用行为进行全流程收集与分析。然而，事实上，用户在算法面前常处于劣势地位，用户数据权利保护情况堪忧。我国《关于加强网络信息保护的决定》第2条、《网络安全法》第41条与第42条等规定了个人信息知情同意权。作为基础性规则，知情同意权在档案数据算法应用领域适用落空将直接导致其他数据权利保护失去基础。因而，管窥知情同意权在档案数据算法应用领域的境况，可明确单一个人数据赋权模式之不足。事实上，自知情同意权被提出以来，唱衰之生便在学界蔓延。[②]本书虽不支持否定说，但认可该说的若干批评意见，实践中用户知情同意问题堪忧。一方面，档案数据算法平台可能基于强势地位，提供裹挟免责条款的隐私协议，要求用户一揽子同意现时与未来所有条款，否则将拒绝提供服务。另一方面，大数据时代用户数据风险具有累积性与不可预测性，档案数据算法用户在作出概括授权时难以预见这些问题。比如，在档案数据算法平台“二次-N次”使用用户信息过程中，用户对档案数据算法平台的“二次-N次”使

---

① 汪庆华．人工智能的法律规制路径：一个框架性讨论［J］．现代法学，2019（2）：59.

② 宁园．个人信息保护中知情同意规则的坚守与修正［J］．江西财经大学学报，2020（2）：115.

用行为不知情，并不了解“二次-N次”使用过程中存在的衍生数据风险。甚至部分数据风险是档案数据算法平台本身也无法控制的。比如，档案部门在收集、处理用户数据时必然要依靠自动算法，而算法多由外包公司设计并运营，工作人员对算法具体内容与技术风险、技术偏见并不知悉。因此，黑箱算法会加剧用户概括授权结果的不可预测性。

为应对以上问题，应对档案数据算法进行分层规制。单一算法风险应对模式之不足从反面证明建构分层应对模式的必要性。本书以为应整合既有算法风险规制举措，形成内容系统、维度完备、逻辑清晰的分层应对谱系，为“规制者、被规制者及社会公众提供清晰思维路线图及风险治理预期，推动算法规制走向成熟与完善”。[①]风险分层应对模式建构的前提是明确价值取向：首先，形式与实质中立结合取向。算法风险应对应超越身份中立，采取非对称赋权模式，偏重照顾数字弱势群体。此即要求在设计算法时，将扶助弱势群体的伦理嵌入算法决策机制，并在应用算法时注意以平权行动的方式扶助相关群体。其次，预防与责任控制结合取向。作为系统性工程，算法规制应兼顾事前风险预防与事后责任控制。在预防阶段，应管控好算法决策程序设计前端，对算法基础数据进行限制，达到控制算法的目的。在追责阶段，强调算法决策产生侵害结果时的救济途径，注重算法歧视的结果责任也是一种重要规制手段，强调算法决策产生侵害结果时会启动相应救济措施。最后，自律与他律结合取向。自律机制主要是通过行业自我约束，规范算法决策运行过程，尽量减少算法风险危害。比如，美国计算机协会即发布算法透明审查七原则，包括算法透明原则、救济原则、负责原则、解释原则、数据可靠性原则、可审查原则与验证原则。七原则相互配合，为算法决策规范运行提供良好标准。

① 苏宇．算法规制的谱系［J］．中国法学，2020（3）：179.

他律机制体现为政府机构对算法的外部监管。[①]构建他律机制时应强调内生型治理、伦理道德规范等对算法风险治理的重要意义。

结合《关于加强互联网信息服务算法综合治理的指导意见》(以下简称“算法治理指导意见”)、《互联网信息服务算法推荐管理规定》(以下简称“算法推荐管理规定”)等相关规定，以及域内外学理与实践经验，本书将档案数据算法风险应对规则分为自律规范与他律规范两种类型。

其一，自律规范。自律规范是基于公众讨论和行业共识形成的治理准则，体现行业最佳实践。自律规范可明确的自律举措包括但不限于如下方面：首先，算法道德。算法道德是典型的自律规范，根本措施在于以社会主流价值观为主导的价值诉求，以求社会保持平等、消除偏见。为实现算法道德对算法风险的规制作用，一方面，应加强档案数据算法系统的算法德性，追求行为向善。另一方面，应注意规训档案数据算法设计者，积极引导良性技术道德，并使之内化于算法设计和使用过程。其次，透明设计。算法透明包括“经由设计的透明”与“经由解释的透明”。前者是指“算法推荐管理规定”第12条规定的“鼓励算法推荐服务提供者综合运用内容去重、打散干预等策略，并优化检索、排序、选择、推送、展示等规则的透明度”。结合算法实践，可从两方面予以阐释：一是档案数据算法设计时如果有更加透明的设计方案，则应首选之。比如，协同过滤算法中，矩阵分解的黑箱模型可以被关联规则挖掘的透明模型替代，后者透明度更强。二是选择黑箱算法的同时有必要采取适当措施优化模型透明度。法律不宜强行扶持某一技术，打压其他技术，但可通过自律性规范引导档案数据算法设计者使用透明度高、黑箱性低的算法模型。最后，算法开

① 郑智航．网络社会法律治理与技术治理的二元共治［J］．中国法学，2018(2)：115.

源。普通民众无法阅读并理解源代码是算法公开的痛点，但即便如此，本书仍提倡设计者可自主决定开源代码。算法开源后，算法偏见等问题可由法律及计算机专业人士检验获知，实现全景敞视监督。由于“公布算法源代码涉及算法著作权、商业秘密，而且可能为戏弄算法打开方便之门，国家也不宜强制。综上所述，可以在现有的开源实践、公众讨论和行业共识基础上制定算法开源准则，鼓励算法控制者尽量开源。若选择不进行开源处理，则应作出合理解释”。①

其二，他律规范。他律规范又可分为柔性规范与刚性规范。柔性规范主要包括：一方面，解释透明。机器学习通常被描述为“维度的诅咒”（curse of dimensionality），为解决黑箱问题，法律应要求算法设计者遵守算法可解释性原则，有义务向公众解释为何如此操作。鼓励算法使用者对算法决策过程等事项进行解释。由于不同算法模型技术细节差异较大，法律层面不能设定统一解释事项，因此，宜在法律层面将解释透明设定为柔性规则，并以司法解释或部门规章方式予以细化。相关解释性文件应列出潜在解释项目，如算法控制者主体信息、算法影响、算法模型信息等。其中，涉及算法模型等商业秘密类信息，算法设计者可在收到解释请求特定时间内予以答复，拒绝解释的应说明理由。另一方面，算法备案。算法备案是我国独创的制度，是“有效市场与有为政府相结合”的治理原则在数字领域的延伸。自《算法推荐管理规定》实施以来，国家网信办于2022年8月到2024年12月先后10次发布《境内互联网信息服务算法备案清单》②。根据备案系统的具体情况，填报信息主要涉及算法主体信息、算法信息（备案信息）、产品及功能信息。虽然立法对于算法备案性质语焉不详，

① 安晋城．算法透明层次论［J］．法学研究，2023（2）：63.

② 国家互联网信息办公室.国家互联网信息办公室关于发布互联网信息服务算法备案信息的公告［EB/OL］．［2024-11-20］．https：//www.cac.gov.cn/2022-08/12/c_1661927474338504.htm.

但实践已表明该制度为柔性规范。通过注册、登录算法备案系统可知，除算法主体信息与算法信息为必填项目外，算法模型、训练数据等详细信息属性均为选填，即使不填写也不影响备案效力。可见，立法者充分关切了算法的技术特点，并未强迫算法设计者与运行者备案全部算法信息。由此可见，算法备案应属于引导性色彩更强的柔性规范。

刚性规范主要包括：第一，算法决策告知。算法决策告知义务是知情同意义务在算法时代的适应版本，已得到《算法推荐管理规定》第16条的确认。作为算法时代的帝王规则，算法决策告知义务要求档案数据算法系统设计者、运营者必须以显著的方式标识算法部署情况，向用户提供易于获得、易于理解的算法风险提示，确保用户有足够的空间决定是否使用档案数据算法系统。设定该义务目的在于保证受算法影响者能知晓算法决策风险，并自由地在人工决策与算法辅助决策间作出选择，在实现算法工具价值的同时，满足对用户自主性及人格尊严的保护。同时，由于该义务并不要求披露算法技术细节，因此，可以将之规定为刚性条款，并配置高度惩罚措施，以强化其约束力。目前，我国算法告知义务违反成本较低，仅《算法推荐管理规定》第31条配置数额较低的行政处罚措施。未来立法或修法时应注意为算法决策告知义务配置合理的违法处罚措施。

第二，算法审查（评估或审计）。数学助推数字经济发展，作为数学应用的算法模型将人类偏见引入软件系统进而操控我们日常生活。甚至，“这些数学模型像上帝一样隐晦不明，只有该领域最高级别的牧师，即那些数学家和计算机科学家才明白模型是如何运作的”。[①]

① 奥尼尔．算法霸权——数学杀伤性武器的威胁［M］．马青玲，译．北京：中信出版社，2018.

凯西·奥尼尔指出在算法应用场景下，“算法就是上帝，数学杀伤性武器的裁决就是上帝的指令”。[①]然而，算法同样应接受审查，工具绝不能替代人成为主宰。因此，档案数据算法设计者、运营者在法律层面上有接受算法审查的刚性义务。算法审查制度在国外已有实践，可成为构建我国算法审查机制参考对象。以美国为例，其对智能投顾算法审查分为初步与持续两部分，前者主要评估数字咨询工具使用的前提假设、方法是否适合特定目标、评估系统输出是否符合公司预期目标等；后者主要评估数字化简易工具使用的模型是否适用于持续变化的市场等。[②]为实现算法权力全方位监督目标，本书认为在算法审查领域可引入学术性组织和非营利性组织，着重强化非政府外部力量作用，既减少行政管理压力，又增强监管科学性。德国已经出现由技术专家与资深媒体人组成的“监控算法”非营利组织，其采取审核算法访问协议严密性、为数据访问设定时间轴等监管措施。相关做法值得借鉴。与算法审查相似，有论者提出算法审计概念，主张在算法应用领域设定专门算法审计机构以审计算法，并提出无创用户审查（noninvasive user audit）、盘点审查（scraping audit）、傀儡审查（sock puppet audit）和联合审查（collaborative audit）等具体审计模型。无论是算法评估，还是算法审计，均是算法设计者、运营者应承担的刚性义务，拒绝配合算法评估或算法审计，应承担相应的法律责任，而审计机关拒绝履行算法评估或算法审计义务亦将承担相应的法律责任。因此，算法评估或算法审计义务对于算法设计者、运营者，以及评估审计机关而言均是刚性规范。

---

① 奥尼尔. 算法霸权——数学杀伤性武器的威胁［M］. 马青玲，译. 北京：中信出版社，2018.

② 李苗苗，王亮. 智能投顾：优势、障碍与破解对策［J］. 南方金融，2017（12）：80.

5

档案数据安全法律风险“档”“数”融合共治

数字化浪潮加快了档案部门及档案管理部门的数据化与信息化建设进程，并从源头上改变了档案记录方式，使档案信息产生、收集与存储的方式发生重大变革。档案脱离传统形式，开始多以数据形式呈现，档案数据也成为档案管理的重要对象。与此相应，在贯彻总体国家安全观时代背景下，档案数据安全体系的建设成为档案工作重点任务，“在社会治理的领域内，实现治理有效必须仰赖法治的积极建设及其功能的充分释放”。①因此，作为新时代档案建设事业发展面临的新挑战，档案数据安全法律风险治理工作中存在的若干问题，还需要在法律层面予以精准规制。

为满足档案数据安全风险治理需求，《“十四五”全国档案事业发展规划》明确提出，随着信息技术的广泛应用，档案工作理念与方法应创新，要尽快完成全面数字转型工作，并强调要强化档案安全保护工作，提升档案数字资源安全管理能力。《数据安全法》等法规也能在一定程度上起到治理档案数据安全风险的作用。然而，尽管以上规范性文件从不同侧面对档案数据安全保护问题作出回应，但档案数据安全法治体系仍存在不可回避的问题。

其中，最典型的问题便是档案数据安全风险治理领域《档案法》与《数据安全》的衔接不畅。档案数据兼具档案与数据双重属性，属于《档案法》与《数据安全法》的共同保护对象。但在既有的法律规范体系中，档案与数据分级分类标准不协调，导致档案数据难以有效利用；档案数据跨境流动规则不明确，导致档案数据是否可跨境、如何跨境等问题的解决面临障碍；档案数据的赋权、确权与保权缺乏相应规则，导致档案数据权的保护工作难以实质性开展。为解决相关问题，本书以《数据安全法》与《档案法》的衔接

① 江必新，王红霞. 社会治理的法治依赖及法治的回应［J］. 法制与社会发展，2014（4）：32.

协调为研究目标，从现实基础、失调表征和规则修正等角度展开研究，以期为档案数据安全治理体系升级调整提供理论支持。

5.1 “档”“数”融合共治的基础

5.1.1 立法调整对象具有重叠性

有论者认为，档案数据的数据属性与档案数据的档案价值构成档案法律融入数据法律体系的内在逻辑。[①]该论断具有一定合理性。“数据态”是档案的存在形态之一，即档案的“数据”属性使得“档案”与“数据”两大概念的内涵与外延存在密切联系。[②]《数据安全法》将数据定义为“任何以电子或其他方式对信息的记录”。有学者据此提出，纸质档案信息以及其他书面形式对信息所作的记录，也属于数据。[③]《档案法》将档案定义为“过去和现在的机关……直接形成的对国家和社会有保存价值的各种文字、图标、声像等不同形式的历史记录”，《中华人民共和国档案法释义》又将之解释为“保存备查的各种形式和载体的记录”。因此，档案与数据在法律概念层面上存在重合之处，这也是其作为《档案法》与《数据安全法》共同调整对象的法理基础。

域外经验也表明，档案法律均强调档案概念不受存在形式、存在载体的约束与限制。比如，英国《公共档案法》第10条规定，“档案”不仅包括书面档案，也包括任何其他方式所承载的信息形成的档案。美国《档案处置法》第3301条规定，档案是指联邦机构根据联邦法律在处理公共事务过程中形成或接收的，以及作为美国政府组

---

① 王玉珏，吴一诺. 档案法律融入数据法律体系的内在逻辑、问题与路径［J］. 档案学研究，2022（3）：29.
② 高晨翔，牛力. 国内“档案数据”研究述评［J］. 档案学研究，2020（5）：11.
③ 吴卫明，吴俐. 全面信息安全与数据合理利用——简评《数据安全法（草案）》［J］. 信息安全与通信保密，2020（8）：25.

织、职能、政策、决策、程序、运作或其他活动的证据，或由于所含数据具有信息价值，而被联邦机构或其合法继任者保存或妥善保存的，各种载体形态或特征的所有记录信息。此处的“记录信息”一词包括所有的档案传统形式，无论其实体（物理）形式或特征，涵盖所有以数字或电子形式产生、处理、传递或存储的信息。事实上，社交媒体存档、电子邮件存档、个人存档、互联网存档，乃至三维对象存档、软件存档等已成为国内外新兴存档实践。例如，澳大利亚的“保存和存取网上文献资源计划”、美国国会图书馆的Twitter存档项目、日本的“网络资源存档项目”等。在我国，《政府网站网页归档指南》（DA/T 80—2019）为政府网站网页的元数据采集、保管期限确定、功能模块建设提供了指导；《公务电子邮件归档管理规则》（DA/T 32—2021）为公务电子邮件的形成、移交接收、归档范围和保管期限等各项业务管理活动提供了规范化程序与管理规则。此背景下，“数据态”成为新的档案形态，档案数据成为新的档案形式，档案部门无疑也成为了新的档案数据处理者。[①]因此，在档案数据受《档案法》与《数据安全法》双重保护的基础上，档案部门也受《档案法》与《数据安全法》的双重约束。

5.1.2 规范保护目的具有交叉性

《数据安全法》的立法目的是规范数据处理活动，保障数据安全，促进数据开发利用，保护个人、组织的合法权益，维护国家主权、安全和发展利益。《数据安全法》旨在保障数据安全，包括数据在产生、收集、传输、存储等活动中的安全。《档案法》则是为了加强档案管理，规范档案收集、整理工作，有效保护和利用档

① 王玉珏，吴一诺. 档案法律融入数据法律体系的内在逻辑、问题与路径［J］. 档案学研究，2022（3）：30.

案，提高档案信息化建设水平，推进国家治理体系和治理能力现代化，为中国特色社会主义事业服务。《档案法》将档案安全分为档案实体安全和档案信息安全，其中实体安全是指档案载体或存储介质的安全，信息安全则包括内容安全和开放、传递的安全。[①]不难发现，《数据安全法》以满足总体国家安全观的安全需求为目标，配置权力资源和法律责任，实现发展与安全之间的相互促进、相互配合和良性互动。《档案法》遵循总体国家安全观的要求，在注重档案安全的同时将其置于更高的层面体系，使档案安全与国家安全联结在一起。然而，无论是数据安全还是档案安全，都在国家安全体系中占据重要地位，同时又正向作用于国家安全。故而，《档案法》和《数据安全法》的规范目的统一于对总体国家安全观的践行。在总体国家安全观的指导下，《档案法》和《数据安全法》不断丰富和拓展档案安全和数据安全的内涵和外延，突破了传统的概念范畴，除了以往“真实、完整、可用、安全”等共同的要求外，还借鉴吸收了彼此有关于数据处理、档案保存等方面的要求，其安全理念更加具有时代性。

5.1.3 新法对旧法修改具有指导性

数字化技术在档案领域深入应用对提高档案工作效率发挥着积极作用，但同时也将大量涉及国家安全、商业秘密及个人隐私的信息转变为档案数据。目前，我国仍处于档案数据安全保护意识淡薄、档案数据安全制度不完善、档案数据安全治理体系不完善的阶段，[②]无论是《档案法》还是相关下位法均未对档案违法行为类型与违法责任作出明确的规定。《数据安全法》规定了数据分级分类、数据跨境流动、

---

① 王英玮，杨千．总体国家安全观视角下《中华人民共和国档案法》的安全理念［J］．档案学研究，2020（6）：79.

② 庞帅．基于《数据安全法》的档案数据安全研究［J］．档案天地，2022（4）：40.

数据安全应急处置、数据安全审查方法，建立了数据安全监管体系等一系列制度，对重要数据实行目录管理，对违反数据安全的行为设定了不同程度的法律责任，同时确立了各类数据处理活动主体数据安全保护义务。此种坚持发展与安全并重，数据开放与隐私保护相协调的法律机制可为《档案法》的修改提供有效参考。

5.2 “档”“数”融合失调的表征

5.2.1 分级分类标准不协调

大数据时代背景下，电子档案的数量骤增，档案与数据的界限愈发模糊，档案的“数据”属性和数据的“档案”价值日渐显著，构建合理的档案分级分类标准是保护档案安全、提高档案利用水平的关键一环，同时也是贯彻落实档案信息化建设、档案管理现代化的重要步骤。我国《档案法》的分级分类管理制度仍以实体档案为中心，根据档案价值来确定档案保存期限的制度使得大量的实体档案需永久保存。这不仅会浪费大量的人力、物力，更难以适应档案数据化、信息化的发展趋势。而建立电子档案分级分类制度，不仅有利于优化资源配置，对于不同等级的档案给予不同的保护手段，在着重保护重要档案、珍贵档案的价值理念树立上也具有重要意义。“数据分类是将具有共同属性或特征的数据归为一类，而数据分级是将分类后的数据按照一定价值识别标准划分保护级别。”[①]合理的分级分类标准，是确立适当的数据保护规则的基础，根据数据的级别和种类确立不同的保护规则，有利于数据在存储过程中保持真实和完整，以供日后的利

① 冯慧敏．档案管理与数据管理的协同研究：分类分级视角［J］．中国档案，2020（5）：32.

用。在分级分类标准上，《数据安全法》根据“重要程度”及“危害程度”对数据进行了划分，提出建立“重要数据具体目录”并对其中的数据进行重点保护。《档案法》规定档案工作要实行“统一领导、分级管理”的原则，《中华人民共和国档案法实施办法》（以下简称《实施办法》）将档案分为一、二、三级，分级的具体标准和管理办法由国家档案局制定。换言之，《数据安全法》和《档案法》的分级标准存在明显差异。《数据安全法》以数据的重要程度及数据被侵害后造成的危害程度对数据进行分级分类，《档案法》则以档案对国家和社会的价值为标准进行分类。这种差异难免造成部分被划分为重要的数据，并不会被认定为对国家和社会具有长久保存价值而长期保存，数据的真实性、完整性、可用性和安全性也无法得到保障。档案数据的长期安全保存要依靠档案管理部门来实现，这不仅需要在立法层面明确档案管理部门在数据保存方面应有的法律地位，还需要《数据安全法》和《档案法》建立相衔接的档案数据分级分类标准，否则便会导致大量具有重要价值的数据失去保护，从而难以实现对此类数据在未来的有效利用。

5.2.2 跨境流动规则不明晰

数字时代档案数据资源是重要的国际竞争资源，这已成为共识性认知。档案数据跨境流动在创造数据价值、促进经济发展等方面发挥重要作用。然而，跨境流动规制模式与具体流程规定不清，导致档案数据在跨境流动过程中可能会出现国家安全问题、社会安全问题与个人隐私安全问题。也正是考虑到档案数据的以上重要性，在推动档案数据利用与跨境流动的过程中应高度重视监管与审核工作。目前，新《档案法》与《数据安全法》有关档案数据跨境流动的相关规定较为概括，属于原则性规定，缺乏对监管流程、审批模式等细节问题作出规定。比如，虽然《数据安全法》与《网络安全法》规定，关键信息基础设施运营者在中华人民共和国境内收集和产生的重要数据的出境安全管理，适用《网络安全法》的相关规定，但其他数据处理者在中华人民共和国境内运营中收集和产生的重要数据的出境安全管理工作尚未明确。再如，虽然新《档案法》在档案出境形式上增加了“通过互联网传输”这一途径，但也只是将“数据态”档案包括在其中，并没有与《数据安全法》形成有效衔接。该规定仅从档案数据的“利用”环节加以规制，忽视了档案数据的收集、储存等环节，这就导致难以实现政府对数据存储、跨境传输、处理等环节的全面控制，从而无法掌握本国数据跨境传输的主动权。[①]与此同时，档案部门和数据管理部门没有就档案数据跨境流动这一问题形成协同监管机制。各自的监管边界不清晰、具体的审查形式和标准不明确，跨境流动的监管主体也不确定。在法律法规尚不清晰的情况下，就容易发生审查效率低下、行政审批不当、审查推诿的情况。[②]这就导致处于审批流程中的档案数据随时都有灭失或是价值贬损的危险。

5.2.3 赋权、确权与保权规则不健全

档案数据中政府数据、公共数据与个人数据交织，档案数据管理面临严峻挑战。档案数据作为数据化的档案信息及具备档案性质的数据记录，[③]并非像传统纸质档案一样由档案馆统一保存处理，而是分散到大数据局、大数据中心等多个部门，档案数据的权属也就随之分散到档案部门和数据管理部门等多个主体中。这些主体在档案数据的管理和利用上存在重复，同一个档案数据的权利归属难以准确界定和

① 何波．俄罗斯跨境数据流动立法规则与执法实践［J］．大数据，2016（6）：131．
② 耿志杰，刘志森．档案数据互联网传输出境的实施困境与完善策略［J］．浙江档案，2021（3）：25．
③ 金波，添志鹏．档案数据内涵与特征探析［J］．档案学通讯，2020（3）：7．

划分。与此同时，各个部门在对数据资源进行收集、传输和处理时缺少有效沟通，数据管理部门的工作流程与档案管理的规定可能存在差异，导致需要归档的数据不符合相关的规范要求，进而影响档案数据的真实性和有效性。因此，需要加强对档案数据权属的划定。国家档案局于2019年对档案数据的权属进行了首次界定，提出应"明确数据资源归属。要明确档案部门部署在政务云平台上的档案数据及档案业务系统产生的数据归档案部门所有，未经档案部门授权，不得私自访问、修改、披露、利用、转让、销毁"。[①]除此之外，无论是《数据安全法》，还是新《档案法》，都没有对档案数据的权属划分进行明确规定，其他法律法规在此方面的规定也几乎处于空白状态。目前仅有的规定只是针对在政务云平台上产生的档案数据，对其他领域档案数据的权属划分并未进行说明。法律制度体系的不完善，不仅导致难以明确档案数据在管理和利用方面的权责，也无法适应档案事业的发展，难以满足现实需求。

总之，档案数据管理离不开对档案数据的保护与利用，各级档案管理部门只是档案数据的管理者、收集者，并非所有者。因此，必须明确档案数据的权属问题，才能有效解决档案数据保护、利用与公开所面临的难题。

5.3 "档""数"融合共治的立法调整

5.3.1 建构档案数据分级分类保护规则

档案数据分级分类管理是档案数据建设的必然要求。一方面，档

---

① 国家档案局办公室．国家档案局办公室关于档案部门使用政务云平台过程中加强档案信息安全管理的意见［J］．中国档案，2020（6）：18.

案数据分级分类能够增强档案数据利用的便利性，推进档案数据数字化进程；另一方面，档案数据分级分类能够有效优化资源配置，实现使用效率的最大化和使用效果的最优化。目前，档案与数据分级分类标准并不统一，导致部分数据难以得到有效保障。对此，有学者提出，档案机构应积极按照《数据安全法》的要求，利用数据分级分类进行档案治理工作，并提出根据类型与法益属性将档案数据分为四级四类。①也有学者从细化《数据安全法》的角度提出，先将数据按照专业领域进行分类，再将数据按照权益主体和所侵犯利益进行分级。②本书认为，长期以来，档案分级分类始终以档案利用价值为标准。传统档案价值是信息价值，即档案对国家等主体的有用性。然而，数字时代的档案数据与其相比，时效性与关联性更强，其价值主要体现在数据聚合后的汇算分析上，因此，适用传统档案的价值鉴定标准难以全面评估数字时代档案数据的价值。故而，仍沿用传统的标准划分档案数据的级别与类别，将可能导致档案数据资源的浪费或保护不力。因此，应尽可能统一档案与数据的分级分类标准，促进新《档案法》与《数据安全法》衔接协调，以建构合理的档案数据分级分类保护规则。在此过程中，档案部门应与数据管理部门协商一致，共同确立符合我国国情和档案管理实践的档案数据分级分类机制。

档案数据分级分类可以参照其他行业标准进行。目前，行业数据分级分类标准主要有《工业互联网数据安全保护要求》（YD/T 3865-2021）和《信息安全技术网络安全等级保护定级指南》（GB/T 22240-2020）等。对以上行业标准进行研究，不难发现，行业数据分级分类主要考虑因素包括数据性质、数据生命周期阶段。比如，《工业互联

① 欧阳心仪，丰霏．大数据时代档案数据处理风险的合规纾解［J］．中国档案，2023（5）：36.

② 朱斌斌．数据安全保护体系的检视与构建——以《数据安全法》为切入点［J］．牡丹江大学学报，2022（4）：65.

网数据安全保护要求》即以数据性质为标准将相关数据分为应用系统数据、用户个人数据、知识库数据等五种；《信息安全技术 大数据安全管理指南》则根据生命周期阶段将相关数据分为采集、存储、处理、分发与删除阶段的数据，即以数据全生命周期的不同阶段为标准对所涉数据进行类型划分。综合对以上规范性文件的研究可知，档案部门应考虑根据档案数据重要程度、保密程度、敏感程度，结合实际情况划分不同的数据级别与数据类别。相关规定应与《数据安全法》相衔接，以实现对档案数据的多层次、针对性安全保护。

5.3.2 增设档案数据跨境流动特殊规则

随着数字全球化的推进，档案数据的跨境流动愈发频繁。《数据安全法》将“安全”和“自由”同时作为数据跨境流动的原则，既能实现对外开放的目标，又能保护国家安全，为全球数据治理提供审慎包容的中国方案。然而，除此原则性规定外，并没有明晰的监管机制和具体流程。对此，需加快新《档案法》与《数据安全法》的立法衔接，增设档案数据跨境流动特殊规则，明确档案数据跨境流动的具体流程，优化档案数据跨境流动的监管方式。在构建档案数据分级分类机制的基础上，对不同级别的档案数据实行不同的监管手段。同时，明确档案数据跨境流动的审查主体、审查标准和审查程序，允许档案部门参与到档案数据跨境流动的管理中，建立档案部门与数据管理部门分工合作、互相配合的监管机制。

目前，世界上主要有欧盟、美国与中国三种档案数据保护模式。欧盟采取的是充分保护模式，一是利用标准合同条款等限制第三国数据跨境流通，保护欧盟利益。二是要求欧盟成员将《关于个人数据处理保护与自由流动指令》（第 95/46/EC 号指令）》（以下简称《指令》）转化为国内法；美国采取“多边条约+行业自治”模式，维护商业利益，注意刺激产业数据流动与经济发展；中国模式强调保障国家数据安全，即严格控制数据出境行为。不同国家采取模式不同，背后的原因是各国对国家安全问题的考量不同。美国在全球数字行业具有支配地位，其必然会推行利于掌控数据，刺激本国数据产业发展的积极政策。欧盟在数字产业方面与美国相较处于劣势地位，因此，为防止欧盟档案数据大量流动到美国造成欧盟的经济社会安全问题增加，遂采取充分保护的模式，约束档案数据的跨境流动。我国在数字产业领域虽有一定的话语权，但面对处于更为强势地位的美国，以及考虑到中美等国之间的竞争问题，必然采取保守政策，以保护国家安全。因此，为保护我国的数据主权或信息主权，我国档案数据跨境流动规则的设立必然以坚守国家数据安全底线为基本立场。基于此，有论者提出可以建立负面清单和动态白名单制度，清晰列明档案数据限制出境的种类和地区，同时对数据出境国的数据治理能力进行多方面评估，根据实际情况建立动态白名单。[①]本书认为此建议具有合理性，应予以采纳。当然，在建立负面清单和动态白名单的过程中，应清晰明确相关工作不能由个别机构独自完成，档案部门和数据管理部门均应参与其中。在档案数据跨境流动的全过程中，档案部门和数据管理部门要及时沟通，共同进行数据安全评估工作。评估后，对认为出境后可能危害国家安全、个人隐私或者社会公共利益的档案数据，要有针对性地加以规制和处理，以平衡档案数据跨境流动的效益价值和潜在风险。此外，新《档案法》与《数据安全法》协调立法的同时，也要积极关注国际上的相关规则，参与国际准则和条约的签订时，坚守我国档案数据安全的底线，以最大化维护我国的档案数据主权完整与安全。

---

① 许可. 自由与安全：数据跨境流动的中国方案［J］. 环球法律论，2021（1）：22-37.

5.3.3 提出档案数据的赋权、确权与保权规则

档案数据确权、赋权与保权问题也是档案数据安全法律风险治理的关键问题。探讨档案数据确权首先应解决的是数据确权问题。随着数据积累量的增加，数据采集、存储、加工与利用等各环节都会产生新社会问题，亟待法律法规进行调整。在所有环节中，数据确权是任务最为艰巨的部分。英国前首相卡梅伦提出“数据权”一词，称其是信息时代每 一个公民都拥有的一项基本权利。①我国的相关法律中，虽未明确规定“数据权”，但已有相关体现。比如，《数据安全法》规定，国家保护与个人、组织与数据有关的权益，鼓励数据依法合理有效利用，保障数据依法有序自由流动，促进以数据为关键要素的数字经济发展。②《深圳经济特区数据条例（征求意见稿）》中规定：“自然人、法人和非法人组织对其合法处理数据形成的数据产品和服务享有法律、行政法规及本条例规定的财产权益。但是，不得危害国家安全和公共利益，不得损害自然人人格权益，不得侵害他人知识产权。”上述规定事实上是对数据权的描述，但遗憾的是，档案法领域尚未对档案数据权予以明确。

档案数据赋权、确权与保权之间联系密切。首先，赋权是核心。欲建构档案数据权利体系及配置相应的保护措施，第一步要解决的是赋权问题，只有从宏观层面赋予相应主体以权利，才可能进一步讨论确权问题。只有赋予相关主体以权利，才可能进一步讨论确权问题。其次，确权是保障。明确档案数据权利类别后，还需要做好权利保障工作，否则赋权活动将毫无意义。确权应由法律进行，解决的是具体

---

① 齐爱民，盘佳．数据权、数据主权的确立与大数据保护的基本原则［J］．苏州大学学报（哲学社会科学版），2015（1）：69.

② 光明网．《中华人民共和国数据安全法》十大法律要点解析［EB/OL］．［2024-11-15］．https：//m.gmw.cn/baijia/2021-09/01/35130741.html.

场景下档案数据的权利归属问题。必须通过国家法律的形式对档案数据权予以确认，并通过有序的执法与司法确保档案数据活动的安全、有序、公平与正义。最后，保权是手段。保权是为了确保档案数据权的安全，当档案数据权受到侵犯时，应有对应的制裁措施予以保障。从法律体系看，档案数据保全措施包括民事、行政与刑事措施，民事主要考虑以《民法典》《数据安全法》等为基础建构制裁体系，行政主要考虑以《数据安全法》、《网络安全法》和新《档案法》等法律中的行政管理条款建构制裁体系，刑事主要是考虑以《刑法》为中心建构制裁体系。只有当各种制裁体系搭配妥当，才能实现对档案数据权充分但不过度的保护。同时，在档案数据生产、收集、管理和利用的各阶段，都有必要将情理融入法理，以实现档案数据价值的连贯性和道德信仰的建立。一方面，政府部门在档案数据伦理秩序方面应进行积极的价值引导，与档案部门共建共享数据平台，以均衡档案数据利益、价值与应用场景。另一方面，档案工作人员和普通公民要提升数据素养，强化档案数据权利意识，树立起档案数据伦理秩序，从源头上防范法律和规范真空。①

参照数据确权理论，可以将档案数据权理解为不完全归于物权、债权、知识产权、财产权、人格权等传统权利的基于档案数据的新型权能。②档案数据承载多元利益，是档案权利与数据权利的融合与交汇，对档案数据权的理解应持双重思维，将之解构为档案数据所有权、档案数据知识产权与档案数据人格权等类别。

5.3.3.1 档案数据所有权

《民法典》规定，③所有权人享有占有、使用、收益和处分的权

① 顾安清. 大数据时代档案数据权探析：提出、内容及保护路径［J］. 档案管理，2022（4）：27.

② 杨鹏. 大数据时代档案数据权利及其体系构建［J］. 档案学通讯，2022（4）：53.

③ 《民法典》规定所有权人对自己的不动产或者动产，依法享有占有、使用、收益和处分的权利。

利。档案数据作为数字时代特殊的动产，也应认可权利人享有档案数据财产权。约翰·洛克提出的劳动赋权理论，可以为档案数据财产权的成立提供理论基础。根据劳动赋权理论，个人通过对自然资源进行劳动，就能获得对该资源的所有权。[①]尽管在该理论提出之初，洛克并没有将无形智力成果作为劳动赋权理论的适用对象，而是仅针对庄稼、果实等有形自然物展开其理论，但后续相关研究提出，在传统经济中是劳动创造价值，在知识经济中是科学劳动、创造劳动创造价值。[②]据此，劳动被分为了传统经济劳动与知识经济劳动，前者的价值来源是体力劳动，后者的价值来源是智力劳动。故而，虽然档案数据的收集、存储、处理或者传输活动多不体现为体力劳动，而是依靠算法技术等程序化的方式挖掘数据，但在整个过程中又确实体现出了智力劳动。尤其是在数据采集、数据筛选与算法选择过程中都需要付出相应的智力劳动才能获得最终的数据成果。

档案数据所有权是指政府、企业、社会组织和公民对产生于自身或者合法采集的档案数据所拥有的权利，包括占有权、使用权、收益权和处分权。其一，占有权是指对档案数据的保管权利。占有档案数据的方式有两种，一是档案馆直接收集、存储、处理或者传输数字档案资源。二是根据民事法律行为获得相关档案数据，比如合同购买等。应注意的是，国家档案数据占有权应统一赋权给国家档案部门，使用权可以与占有权分离，由国家档案部门选择有资格、有条件的组织、机构或个人，通过签署档案数据使用合同的方式赋权他人使用档案数据。其二，使用权是指权利主体开发利用档案数据的权利。根据是否为所有权人，又可以分为所有权人的使用行为与非所有权人的使用行为。国有档案数据使用应经国家档案主管部门的许可，企业档案

① 洛克. 政府论［M］. 叶启芳，等译. 北京：商务印书馆，2008：19.
② 邓奇志. 知识价值论与劳动价值论研究［J］. 重庆大学学报（社会科学版），2003（6）：40.

数据使用应经作为所有权人之企业的许可。任何形式违反所有权人意志擅自使用档案数据的行为都可能构成违法或犯罪行为。为防止企业垄断档案数据，影响档案数据的有效使用与社会价值的相应增加，可以对企业限制他人档案数据使用的条件予以明确。其三，收益权是指通过档案数据取得经济效益的权利。收益权是国家与企业开放其数据供其他主体使用的主要动因，如果不能有效保护收益权，必然会影响档案数据所有人参与档案数据市场的积极性。目前，我国的做法主要是出于公共利益考量让渡国家数据的收益权，即用户对国家数据的利用是免费的，由国家财政支持。对非国有档案数据的收益权问题，完全交由档案数据所有权人自行决定。对此，本书认为国有档案数据也应适当收费，当使用人获取国有档案数据的目的是进行经济活动时，应考虑适当收取费用减少国家档案主管部门的财政压力，并通过收益权分配的方式刺激国家档案主管部门优化其服务意识与服务举措，更长久、更稳健地实现档案数据权的开发利用。其四，处分权，所有权人有权处分档案数据，也有权许可他人处分档案数据。但档案数据与其他数据不同，多涉及国家机密、商业秘密或个人隐私，因此，档案数据的处分应遵循法定规则与程序。在当前档案数据处分规则程序不明确的情形下，国家档案主管部门应谨慎处分档案数据，并严厉处罚滥用职权或玩忽职守的行为。非国有档案数据的所有人在处分档案数据时，应尽量实现数据脱敏，避免相关数据被泄露、携带出境或者通过互联网传输出境、跨国流通，更应防止相关档案数据被出卖给违法犯罪分子实施违法犯罪行为。此过程中，如果出现合谋实施违法犯罪行为或者严重不负责任导致档案数据泄露的行为，应依法依规予以处理。

5.3.3.2 档案数据知识产权

知识产权是公民、法人或者其他组织在科学技术方面或者文化艺术方面，对创造性的劳动所完成的智力成果依法享有的专有权利。[①]目前，在档案数据领域可将之分为档案数据著作权、档案数据邻接权和档案数据技术措施保护权等。档案数据著作权是指所有权人、使用权人对档案数据进行处理后得到的具有创造性的智力成果权利。以档案馆纸质档案数据化为例，此种情形下的著作权保护主要是指：其一，在合理使用范围内或对超出保护期限等纸质档案的数据化，档案馆可进行相应操作处理，但应注明作者信息；其二，对档案馆拥有所有权和完整著作权的纸质档案，其可自行决定是否数据化或者如何数据化；其三，档案馆拥有部分著作权的纸质档案，对之进行数据化时，需要经过著作权人的授权。此外，数据库是档案数据存在的重要方式，但对于数据库是否满足著作权独创性标准，各国尚未达成必要共识。因此，如果要将数据库作为著作权的保护对象，尚需拓宽著作权的保护范围，并建议将数据库的结构和内容都纳入著作权保护范围。邻接权创制于1961年的《罗马公约》，是保护作品传播者实质性利益的权利，[②]是为保护知识传播而对不是原创性知识赋予的权利。将档案数据中的部分内容纳入到邻接权的保护范围之内，也可以加强对档案数据的知识产权保护。

值得重点研究的是档案数据规避技术措施的保护问题。从知识产权领域看，之所以会讨论反规避技术措施问题，是因为数字时代“重使用而非所有权”的逻辑，要求作品尽可能实现利用与传播。为实现该目的，作品首先需要数字化。作品数字化在带来信息传播效率的同时，又产生了新的著作权侵权风险。[③]目前，虽然中华人民共和国著作权法》（以下简称《著作权法》，后文如未做特殊说明，即指现行有

---

① 张世林. 档案数字化的知识产权对策研究——以“数字敦煌”项目为例［J］. 档案学通讯，2009（3）：50.

② 秦珂. 大数据法律保护摭谈［J］. 图书馆学研究，2015（12）：100.

③ 倪朱亮，陈阳. 规避保护技术措施行为的刑法规制研究［J］. 西南政法大学学报，2023（4）：53.

效的《著作权法》）赋予著作权人复制权、发行权、信息网络传播权等专有权利及有关权利，并配置相应救济途径以保护著作权，但“事后救济手段”难以有效防止数字化产品被非法复制并传播于互联网，且“在现实生活中对应寻找每一侵权用户并追究法律责任也不现实”。[①]为应对数字时代日益严重的侵犯著作权违法犯罪行为，权利人开始部署技术措施以提升对数字化作品的控制能力。技术措施的出现大幅增加了权利人保护能力，丰富了著作权保护方式，强化了著作权保护效果。

以功能或目的为标准，《著作权法》保护的技术措施可分为“接触控制措施”与“著作权保护措施”。前者旨在防止、限制未经许可实施阅读、欣赏、运行文学艺术作品或计算机软件等行为，后者旨在防止、限制未经许可实施复制、传播等侵害著作权的行为。[②]然而，“从技术保护措施诞生之日起，各种破坏它们的工具和行为就相伴而生”，[③]涌现出大量规避技术措施行为，这些行为侵害技术措施制度形成的著作权保护成效，成为数字时代侵犯著作权的重要违法犯罪行为。以行为类型为标准，规避技术措施行为可分为“直接规避行为”与“间接规避行为”。前者是指行为人直接实施避开或破坏技术措施的行为，后者是指行为人向他人提供规避技术措施的手段，如制造、进口或者向公众提供主要用于避开或破坏技术措施的装置、部件以及为他人避开或破坏技术措施提供服务。[④]为实现对著作权及其有关权利的妥善保护，在权利人加强技术控制的同时，国际与国内立法者往往会选择在立法中明确禁止或限制实施著作权及有关权利的技术措施规避行为。

---

① 王迁. 对技术措施立法保护的比较研究［J］. 知识产权，2003（3）.
② 王迁. 论禁止规避技术措施的范围［J］. 法学家，2016（6）：134.
③ 刘颖. 版权法上技术措施的范围［J］. 法学评论（双月刊），2017（3）：96.
④ 张建华. 信息网络传播权保护条例释义［M］. 北京：中国法制出版社，2006：16-17.

为与国际接轨，2001年修订的《中华人民共和国著作权法》（以下简称2001《著作权法》）增加了保护技术措施的条款。随后，《中华人民共和国计算机软件保护条例》（以下简称《计算机软件保护条例》）和《信息网络传播权保护条例》也增加了相应保护技术措施的条款。为进一步强化法律对技术措施的保护力度，立法者在2020年对《著作权法》《刑法》进行修正。2020年修订后的《著作权法》针对技术措施的含义与类别，对技术措施禁止实施的行为，以及允许规避技术措施的例外情形作出规定。[①]与此同时，《刑法》也将故意规避保护技术措施行为列为侵犯著作权的犯罪行为，实现技术措施规避行为的犯罪化。技术措施规避行为的入刑，既是借鉴国际做法对我国知识产权法律保护体系的完善，也解决了长期困扰实务界的刑法疑难问题。至此，一旦在法律体系中赋予档案数据知识产权之地位，为档案数据安全设置的反规避技术措施，便成为《著作权法》与《刑法》的共同保护对象，规避相应反规避技术措施便可能同时成为侵犯著作权违法与犯罪行为。

值得注意的是，对于《著作权法》与《刑法》中规避技术措施违法犯罪条款保护的法益内容，学界尚存在争议，而相关争议也将直接影响对规避档案数据安全技术措施之保护，因此，有必要予以厘清。对此问题，刑法实践中的理解主要分为三类：一是秩序法益说，包括"管理秩序说"[②]"市场竞争秩序说"[③]等；二是复杂客体说；[④]三是"预防侵害著作权专有权利说"[⑤]或"著作权及著作权相关权利说"，[⑥]该说提出禁止规避技术措施条款的增设正当性在于预防侵犯

① 王迁．版权法保护技术措施的正当性［J］．法学研究，2011（4）：87-88.
② 谢焱．知识产权刑法法益分析［J］．北方法学，2017（4）：109.
③ 王志远．网络知识产权犯罪的挑战与应对——从知识产权犯罪的本质入手［J］．法学论坛，2020（5）：114.
④ 阮齐林．中国刑法各罪论［M］．北京：中国政法大学出版社，2016：169.
⑤ 江海洋．数字时代规避型侵犯著作权罪的司法适用［J］．中国刑事法杂志，2023（6）：70.
⑥ 张明楷．刑法学［M］．6版.北京：法律出版社，2021：1070.

著作权专有权利。在《刑法修正案（十一）》出台后，学界又在第三类学说内部提出独立措施说与接触权说。前者主张技术保护措施本身就是《刑法》的保护法益。[①]后者认为接触权是独立于复制权、发行权等著作权专有权利外的新型权利，[②]是技术保护措施条款保护的法益。由于法益观点纷繁复杂，为解决侵犯著作权罪法律适用疑难，有论者提出："与其执拗于'著作权说'与'秩序说'之间的理论抉择，陷入法益侵害说下侵犯著作权罪质界定的'双重迷思'，倒不如转向科学界定'著作权保护不同法领域之间的关系'这一更为深层次问题的探究上。"[③]此观点并不妥当。《刑法》的任务在于保护法益，这在现代刑法思想中已不存在重大分歧，整部《刑法》无疑是一部"法益保护法"。[④]作为刑法教义学的基础概念，"法益是作为人们的生活利益而成为保护对象的。不管是在解释论上还是在立法论上，法益概念都起着指导作用"。[⑤]因此，只有明确禁止规避技术措施犯罪条款的保护法益，才能更好地解释禁止规避技术措施犯罪条款的构成要件，区分侵犯著作权罪与破坏计算机信息系统罪、不正当竞争行为。

以上观点中，秩序法益说与复杂客体说难以成立。一方面，目前，对于秩序法益，我国刑法学界持谨慎态度，已形成较为稳定的程式化批判认知。比如，有论者认为，秩序法益容易导致前置法与刑法边界模糊，刑法越界干预现象突出，强调对管理秩序的立场保护，对个体利益的保护不足，最终导致象征性立法问题，刑事规制效能降低。[⑥]本书虽不认同一律否定秩序法益的观点，但也赞成对秩序法益

---

① 刘嘉铮．网络游戏外挂刑法治理的限制解释［J］．法律适用，2022（2）：157.

② 汪叶，周子实．著作权法视野下《刑法》中规避技术措施规则的教义学分析［J］．东南法学，2023（1）：153.

③ 王志远，陈昊．法秩序统一视域下侵犯著作权罪的罪质及展开［J］．烟台大学学报（哲学社会科学版），2023（4）：99.

④ 刘艳红．数据要素全生命周期安全风险的刑事保障制度研究——数字经济安全法益观为视角［J］．法学论坛，2024（1）：43.

⑤ 张明楷．刑法理论与刑事立法［J］．法学论坛，2017（6）：18.

⑥ 钱小平．中国金融刑法立法的应然转向：从"秩序法益观"到"利益法益观"［J］．政治与法律，2017（5）：37.

的适用进行限缩，尽可能将“管理秩序法益还原为实体性法益”，[①]以更好发挥刑法法益的构成要件解释功能。因此，在侵犯著作权保护法益存在具体化为著作权及著作权有关权利或其他实体性法益的情形下，不宜认定侵犯著作权罪的保护法益为秩序。另一方面，复杂客体说的问题在于，叠床架屋式的法益列举，虽看似周延，但必然会侵蚀刑法法益的构成要件解释功能。

预防侵害著作权专有权利说或著作权及著作权有关权利说较为妥当，但接触权说与独立措施权说缺乏法理与立法支撑，应予以否定。著作权法权利法定原则要求刑民保护的对象是法定专有权，尽管学者曾试图为著作权在正当性来源上寻求自然法上的支持。比如，用洛克的劳动理论和黑格尔的人格理论论证著作权的正当性，[②]但这两种理论都受到学者批评。[③]实际上，著作权从诞生初期就不具有自然法上的属性，而是根据立法产生的权利，具有法定性。《著作权法》所坚持的权利法定，在法律规定上表现为立法者通过规定权利人的行为范围的方式明晰权利界限。比如，我国《著作权法》第10条规定第1至16项权利类型。[④]因此，我国刑民法律保护的对象也必须是法律规定的专有权，包括基于作品与邻接权客体配置的专有权。总之，《著作权法》不是单纯的权利保护法，而是赋权法。《刑法》并不是赋权法，而是权利保护法。在《著作权法》与《刑法》相对统一的解释立场下，如无特殊事由，没有《著作权法》的赋权，《刑法》保护法益将无从谈起。因此，对著作权而言，“绝对权法定”就是指著作权必

① 李文吉．我国刑法中管理秩序法益还原为实体性法益之提倡［J］．河北法学，2020（5）：2.

② 洛克．政府论（下篇）［M］．叶企方，译．北京：商务印书馆，1964：19.黑格尔认为作品是打上个人人格印记的财产，是人格的体现，自然应该保护。黑格尔．法哲学原理［M］．范扬，张企泰，译．北京：商务印书馆，1961：50-59.

③ 诺奇克．无政府、国家与乌托邦［M］．姚大志，译．北京：中国社会科学出版社，2008：209.德霍斯．知识财产法哲学［M］．周林，译．北京：商务印书馆，2008：89.

④ 李扬．知识产权基础理论和前沿问题［M］．北京：法律出版社，2004：136.

须由《著作权法》作出明确规定，[①]由《著作权法》“赋权”，无赋权即无权利。这意味着，著作权的刑法保护不应在法定专有权控制的行为范围之外提供保护，否则就等同于以刑法保护这种迂回的方式间接放弃权利法定原则，导致不构成著作权侵权行为构成著作权犯罪行为的荒诞现象。[②]

因此，将侵犯著作权罪（包括规避技术措施犯罪条款）的保护法益理解为对著作权专有权利的保护较为适宜，此观点具有坚实的法理基础：其一，此解释符合刑法文义。《刑法》强调了行为人故意规避的技术措施必须与“保护著作权或者与著作权有关的权利”相关联。其二，此解释能实现体系协调。《刑法》第217条第6项所禁止的技术措施规避行为的法益侵害程度必须与《刑法》第217项第1项至第5项禁止的行为法益侵害程度同质。有鉴于此，在《刑法》第217条第1项至第5项的规范目的都在于保护《著作权法》中明文规定的几种特定著作权或邻接权的情形下，禁止技术措施规避行为的法益侵害程度若要与《刑法》第217条第1项至第5项同质，则必须与著作权专有权利侵权相关联。其三，此解释符合刑法保护目的。《刑法》与《著作权法》对著作权的保护旨在为公众利益激励、促进新作品的创作，而在大众创作、传播的数字时代，数字技术改变了创作、分享和体验文化作品的方式，在新作品创作的过程中，用户参与了相当一部分，其并非从作者正当报酬中不公正地获益的寄生虫。因此，从维护用户权利与著作权人权利平衡角度出发，禁止接触控制措施规避行为的正当性不应是接触权或著作权人获得收益权，否则会极大地挤压用户的合理使用范围，进而损害我国《著作权法》“鼓励作品的创作和传播，促进文化科学的发展和繁荣”的终极立法目的。

---

① 王迁．论著作权保护刑民衔接的正当性［J］．法学，2021（8）：12.

② 刘铁光．著作权民刑保护之间的法域冲突及其化解［J］．法律科学（西北政法大学学报），2023（5）：178.

预防侵害著作权专有权利说中的技术措施权与接触权说均无立法依据，难以成立。其一，独立措施权说之否定。有论者提出，“权利人依据《著作权法》所享有的反规避技术措施权不是基于作品与邻接权客体的直接利用而配置的权利，但该种权利同样是权利人依据著作权法所享有的法定专有权”。①将规避技术措施犯罪条款的保护法益理解为技术措施权并不妥当。在《著作权法》中，“技术措施”本身并非“专有权利”，立法者也从未有意将之视为“专有权利”。“世界上也没有哪个国家的版权法在列举‘专有权利’时纳入一项‘技术措施权’。”②从刑法角度看，技术措施权这一说法的工具属性过强，缺乏稳固的理论基础，且缺乏其他权利附带的豁免与限制。即便附加豁免和限制，也难以确定稳定的边界。③此外，如果将规避技术措施行为的法益侵害性理解为侵害版权人的技术措施权，极容易陷入形式判断的误区，导致犯罪圈不当扩张。实际上，脱离著作权法益保护谈“技术措施权”保护，“技术措施权”便成为无源之水、无本之木。其二，接触权说之否定。著作权法律保护的是著作权专有权及相关权利，即便是主张接触权与独立措施权的学者对此也不存在疑问，只是会将独立措施权与接触权理解为著作权专有权。比如，以美国学者简·金森伯教授为代表的学者虽提出“接触控制措施”可直接保护版权，但认为其保护的并非复制权，而是尚未被明确的新型专有权利，即接触权。④我国也有学者认为，“技术措施与反规避条款的结合，在实质上产生了（接触权）这样一个权利”。⑤接触控制措施保护的

---

① 刘铁光．著作权民刑保护之间的法域冲突及其化解［J］．法律科学（西北政法大学学报），2023（5）：178.

② 王迁．“技术措施”概念四辨［J］．华东政法大学学报，2015（2）：35.

③ 葛金芬．规避技术措施型侵犯著作权罪的刑法归责研究——以技术措施附随问题为切入［J］．电子知识产权，2023（7）：44.

④ 王迁．版权法保护措施技术的正当性［J］．法学研究，2011（4）：92.

⑤ 熊琦．论“接触权”——著作财产权类型化的不足与克服［J］．法律科学，2008（5）：92.

接触权也具有法律与学理上的根据。[①]此观点存在较多问题，最主要的问题是立法者并没有在《著作权法》中将接触权规定为独立的专有权利。在《著作权法》权利法定原则的要求下，接触权未被规定为法定专有权利，《刑法》不宜过于积极将之理解为法定专有权。再者，《著作权法》中“应当由著作权人享有的其他权利”这一开放式规定与第49条第3款对技术措施的定义中也不能推论得出我国《著作权法》已将接触权作为新增的法定权利予以看待。[②]以上关于规避技术措施犯罪条款的理解应被适用于档案数据技术措施保护领域。在司法实践中遇到涉档案数据技术措施规避型犯罪时，应依照上述理解进行处理。

5.3.3.3 档案数据人格权

档案数据包含大量与个人相关的数据。比如，身份信息、遗传特征、健康病历等。因此，对档案数据的保护还应重视对档案数据人格权的保护。档案数据人格权作为一种新型人格权，是一种原始的、专属的、绝对的权利。对于与个人相关的档案数据之保护，本书将在后文予以详述，本处不再赘述。

---

① 汪叶，周子实．著作权法视野下《刑法》中规避技术措施规则的教义学分析[J]．东南法学，2023（1）：152.

② 汪叶，周子实．著作权法视野下《刑法》中规避技术措施规则的教义学分析[J]．东南法学，2023（1）：153.

6

档案数据开放与个人信息法律保护的协调互动

6.1 政府数据开放中的“档案”参与

2015年8月发布的《促进大数据发展行动纲要》，站在国家战略高度，明确指出要推动政府部门数据共享，推动公共数据资源开放，并要求各级机关制订开放计划，落实开放数据的维护义务。档案机构作为政府数据的主要管理者，理应积极响应政府数据开放的号召，扮演好政府数据开放服务提供角色。正是关注到档案机构在政府数据开放中的重要地位，《全国档案事业发展“十三五”规划纲要》正式提出要推动建立开放档案信息资源社会化共享服务平台，制订档案数据开放计划，落实数据开放与维护责任。

6.1.1 我国政府数据开放的进程与选择

数字时代，数据掌控力与开发力是决定经济发展和社会进步的关键要素。政府作为社会系统中最主要的信息生产者、使用者和发布者，掌握着海量的数据资源。因此，为发挥政府数据在促进政治经济发展方面的作用，全球兴起政府数据开放运动。比如，2009年美国Data.Gov门户网站上线，宣告全球政府数据开放兴起。2010年Data.Gov.UK网站开通，标志着英国开始参与政府数据开放。2014年法国率先设立“国家首席数据官”，①2017年加拿大颁布《开放政府行动计划》。②韩国于2013年启动“政府3.0推进基本计划”，对政府数据开放中涉及的“云上”管理、存储安全、个人隐私、数据利用等问题进行了规范；日本2012年启动电子政务数据开放战略，并于2015年

① 黄如花，林焱. 法国政府数据开放共享的政策法规保障及对我国的启示［J］. 图书馆，2017（3）：1-6.

② 邹东升. 政府开放数据和个人隐私保护：加拿大的例证［J］. 中国行政管理，2018（6）：75-82.

发布更新升级后的政府数据开放方案。[①]

2015年，《促进大数据发展行动纲要》发布，标志着我国开始实施政府数据开放工程。2020年，《关于构建更加完善的要素市场化配置体制机制的意见》中，将数据增列为劳动、资本等传统要素外的新型生产要素。2021年，《数据安全法》以全国性统一法律的方式明确要求确立数据安全“全流程”保护，提倡数据保护应与数据开发并举，进而确保数据产业能够在健康有序的环境中实现可持续发展。2023年，《数字中国建设整体布局规划》将政府数据开放纳入其中，政府数据开放的战略地位再次被提升。显然，大力开放政府数据资源，释放政府数据红利，使国内线上线下经济深度融合，有序推动部分产业脱实向虚发展，已成为各国数据治理改革方向。

为保证改革的实效性，各国陆续颁布法律文件推动政府数据开放，比如美国在2019年颁布《开放政府数据法》等。然而，与采取统一立法模式推动政府数据开放立法的域外做法不同，我国至今尚未专门出台用于规制政府数据开放行为的全国性法律，这导致我国政府数据开放活动陷入“地方割据”的情状，严重影响政府数据资源在全国数字经济市场的流动与使用。“中国信息数据资源80%以上掌握在各级政府部门手里，‘深藏闺中’是极大的浪费。”[②]如何才能推动各级政府主动、有效、全面、真实地进行政府数据开放，增加“数据要素市场的资源供给，提高政府治理能力和服务水平”是现阶段政府数据开放法治问题研究中亟待解决的重难点问题。

6.1.1.1　政府数据开放的立法逻辑确证

任何立法都需要遵循底层逻辑，底层逻辑将直接影响立法模式与

① 陈美，江易华. 韩国开放政府数据分析及其借鉴［J］. 现代情报，2017（11）：28-33；39.

② 张砥. 李克强：信息数据“深藏闺中”是极大浪费［EB/OL］.［2024-12-28］. https：//china.huanqiu.com/article/9CaKrnJVtaU.

内容。对政府数据开放立法而言，应确证如下两点立法逻辑：

其一，政府数据开放立法应坚持数据信息二元论。关于数据与信息的关系问题，图情、法学、计算机科学、语言哲学等领域学者存在不同理解。以图情领域为例，有论者认为数据与信息的逻辑关系长期未得以厘定，[①]数据信息“在外延、内涵上的高度重叠性和强关联性使研究者常不知所云，或者干脆放弃区分，互换使用”。[②]法学领域对数据信息法治问题的理解起步较晚，对两者关系的理解多是从其他学科门类中汲取经验。因此，法学研究领域对两者关系的理解亦争议频出，主要观点可被归纳为四类：数据大于信息说、数据小于信息说、数据信息混同说、数据信息二元论。其中，数据信息混同说认为学术研究与实务践行时不需要对数据信息进行区分使用，只需要根据“约定俗称”的习惯对数据信息关系进行理解即可，[③]该说在传统理论中占据重要地位。然而，“多学科混杂的信息、数据理论虽然在客观上深化了对信息、数据的认知，但二者错综复杂的关系，又使其含义始终难以确定。不难发现，信息权利范畴的三种模糊性使用类型都可在上述信息与数据的理论中找到各自的依据。然而，这些理论研究却又始终不是从法律角度出发的，于法学研究而言意义有限”。[④]对本问题的理解，本书上文已给出理由，此处不再赘述。

其二，政府数据开放立法应坚持政府数据开放与政府信息公开二元论。在政府数据开放领域，政府数据与政府信息混同的观点亦有支持者。在他们看来，科技进步使电子政务成为现实，政府信息的存在也已突破传统纸质档案存储模式，或者说在存储纸质档案的同时会留

---

① 叶继元，陈铭，谢欢，等. 数据与信息之间逻辑关系的探讨——兼及DIKW概念链模式［J］. 中国图书馆学报，2017（3）：34.

② 宋立荣，张薇，杨晶. 基于信息共享背景下的数据和信息之概念辨析［J］. 情报杂志，2012（1）：1-5.

③ 郭明龙. 个人信息权利的侵权法保护［M］. 北京：中国法制出版社，2012：19.

④ 韩旭至. 信息权利范畴的模糊性使用及其后果——基于对信息、数据混用的分析［J］. 华东政法大学学报，2020（1）：89。

存数据备份。从这个角度看，“政府信息就是政府数据”。[①]政府数据开放附属于政府信息公开，“数据开放无论从概念、法律、价值和管理上都是信息公开的一部分”。[②]我国并不需要专门针对政府数据开放进行独立立法，只需要对现有的各级各类政府信息公开立法进行升级改造即可。然而，电子政务领域的政府数据是指政府信息根据编程语言转换而成的供计算机存储与使用的、位于代码层的电子数据。通过反向运算又可将存储于代码层的政府数据转化为可在内容层予以展示的政府信息。因此，政府信息与政府数据不可混同，两者有所区别。基于此种理解，有论者提出“政府数据开放发展独立于政府信息公开的制度体系，二者共同构成大数据时代的开放政府制度体系”。[③]其中，政府数据开放立法的关注重点是政府数据集的再利用，政府信息公开立法的关注重点则是对公民知情权的维护。

本书认为二元论的观点较为合理，主要原因如下：（1）制度基础差异。政府信息公开的目的是消除政府与公民间的单位势差，通过赋予公民申请信息公开权的方式倒逼政府依法行政、公开行政。政府数据开放则不同，政府数据开放活动中，各级政府同时扮演着政府数据的收集、管理与使用者的角色，即其亦为数据生产的参与者主体。因此，政府数据开放的逻辑起点是通过数据生产要素的有序开放，促进数字经济的发展与社会有效治理。不难发现，政府数据开放的行为逻辑目标与倒逼政府依法行政基本无关。（2）制度目标差异。政府信息公开的核心目标是为民主监督实现透明问责，推进依法行政。与之不同，政府数据开放的兴起并不是知情权或者其他权利基础，而是作为数字时代政府治理改革的制度工具。“政府信息公开制度的权利基础

---

① 徐金波. 政府数据开放的规范构造［J］. 情报杂志，2021（7）：143.

② 黄璜，赵倩，张锐昕. 论政府数据开放与信息公开——对现有观点的反思与重构［J］. 中国行政管理，2016（11）：13.

③ 宋烁. 政府数据开放宜采取不同于信息公开的立法进路［J］. 法学，2021（1）：102.

与民主政治目标所指向的是行政合法性的问题，而政府数据开放则是政府充分利用制度工具价值提高行政效能的选择，指向的是行政合理性问题。”[①]（3）开放原则不同。政府信息公开主要是依申请公开，需要行政相对人提起申请并获得许可。政府数据开放以政府主动公开为原则，以不公开为例外。同时，政府数据开放以需求为导向，政府数据公开则不用关注使用者对数据资源的偏好。（4）公开范围差异。政府数据开放的内容是“数据集”，单一数据的价值属性有限，数据价值的发挥依赖对数据海量的分析处理。政府信息公开保障的是公众知情权，一般而言，知情权的行使并不需以海量数据为前提或者至少是政府数据开放的数据“量”应是多于政府信息公开的数据“量”。综上所述，政府数据开放与政府信息公开有联系，亦有区别。“政府信息公开为政府数据开放在大数据时代的延伸与跃进，在开放的深度和广度上都达到了新的水平。”[②]

6.1.1.2 政府数据开放的立法模式选择

明确政府数据开放与政府信息公开的关系后，需要思考的问题是我国在政府数据开放方面究竟采取何种立法模式？如采用中央统一立法模式，是应出台专门法律，还是由国务院或者其他部委出台可适用于全国的行政法规或部门规章？回答这些问题前，应先考察政府数据开放立法现状。

与政府开放实现数据融通的良好远景不同，我国政府数据开放仍处于孤岛林立的状态，缺乏统一中央立法予以规制以及引导各地打破政府信息孤岛，实现政府数据有效流通。目前，政府数据开放立法多是地方探索性立法。比如，《浙江省公共数据开放与安全管

---

① 宋烁．政府数据开放宜采取不同于信息公开的立法进路［J］．法学，2021（1）：102.

② 郑磊．开放政府数据研究：概念辨析、关键因素及其互动关系［J］．中国行政管理，2015（11）：14.

理暂行办法》《重庆市公共数据开放管理暂行办法》等。地方立法适用范围有限，不能超越省域适用。因此，这导致不同省份在政府数据的互通共享方面缺乏必要的统一标准，严重制约公共服务的质量与效率。因此，本书建议在中央层面推进政府数据开放立法。首先，政府数据开放立法的统一是政府数据开放的法律基石。只有通过统一立法才能解决我国政府数据开放过程中出现的数据开放种类、范围、开放原则、标准、程序、责任等方面的差异问题，构建一种"开放与分享为特征的整体法律框架"，[①]合理引导各级政府落实政府数据开放制度。其次，中央统一立法可克服地方分散立法弊病。虽然地方政府基于提振地方经济的考虑，开始逐步建构适用本地的政府数据开放制度，但各地重复立法、立法抄袭、不科学立法的现象突出，立法资源严重浪费，损害全国法治统一性。须注意，提倡由中央统一立法并不是为了剥夺地方政府权限，而是要在中央确定基本事项与规则限制后，各地根据实际情况进一步制定细化规则条例，以补充适用。[②]

从域外情况看，针对应采取何种立法模式，主要有两种做法：其一，修改政府信息公开立法。比如，2012年英国对信息公开立法进行修改，对数据开放核心问题进行明确，包括公开、利用与开放数据再利用的收费权等内容。其二，专门制定政府数据开放立法。比如，2012年美国纽约市制定通过美国首个地方政府数据法律《开放数据法案》。受以上立法例的影响，我国学者提出不同的建构意见：其一，提出修改我国政府信息公开条例，并制定专门立法。比如，周汉华认为，应该通过修改《政府信息公开条例》，打造我国3.0版政务公

① 何渊．政府数据开放的整体法律框架［J］．行政法学研究，2017（6）：58.
② 刘权．政府数据开放的立法路径［J］．暨南学报（哲学社会科学版），2021（1）：93.

开制度。[①]其二，由国务院颁布《政府数据开放条例》后再由全国人大制定《政府数据开放法》。持此观点者主要是中国行政管理学会课题组，该课题组经研究后得出应尽快制定《政府数据开放条例》的结论。[②]宋华琳也提出，面对我国实践先行，立法滞后的问题，应先由国务院颁布《政府数据开放条例》，时机成熟时再制定专门法律。[③]其三，主张应直接制定《政府数据开放法》。比如，于世梁即认为"可以专门制定一部《中华人民共和国政府数据开放法》。明确政府数据开放的范围、数据开放的边界、数据开放的深度、数据开放的标准、数据开放的质量、免除开放的例外等"。[④]

以上三种立法模式各有其依据，但共同点是均认为我国政府数据开放立法缺乏体系性，应及时制定层级合适，搭配合理的政府数据开放立法。本书认为第二种模式最为合适，第一种模式与第三种模式相对来说并不符合现有情况。一方面，修改《政府信息公开条例》的方式未能关注到政府信息公开与政府数据开放的本质差异，简单地将政府数据开放纳入政府信息公开制度，并不利于政府数据开放，还容易造成两个制度间的混同与紊乱。政府数据开放更多关注政府数据的保护与利用，而政府信息公开更多关注政府问责与政府透明，两者制度追求不同。另一方面，直接制定政府数据开放立法的模式过于武断，容易导致地方实践经验未能获得充分总结与提炼，进而造成中央立法与实践需求脱节的问题。故而，本书建议采取两步走的立法模式：第一步先由国务院制定条例。国务院应在充分总结地方实践经验的基础上，制定适用于全国的政务条例，此方式既便于利用行政系统的信息

① 周汉华．打造升级版政务公开制度——论《政府信息公开条例》修改的基本定位［J］．行政法学研究，2016（3）：11.

② 中国行政管理学会课题组．我国政府数据开放顶层设计研究［J］．中国行政管理，2016（11）：11.

③ 宋华琳．中国政府数据开放法制的发展与建构［J］．行政法学研究，2018（2）：40-46.

④ 于世梁．政府数据开放的实践、现状及对策［J］．湖北经济学院学报（人文社会科学版），2016（11）：49.

传导便利性，及时听取来自各地的实践经验。因此，短期内由国务院先行制定《政府数据开放条例》可能比较符合我国的情况。随着未来该条例在应用过程中暴露出问题，及时修改调整，科学评估，待时机成熟时再采取第二步举措，即由全国人大专门制定《政府数据开放法》。须注意，如若国务院先行制定条例应在设计立法制度时，认真处理好与《政府信息公开条例》的衔接问题，努力防止出现制度性冲突与混淆问题。

当然，解决政府数据开放全国推行问题还应关注平台建设问题。数据显示，截至2021年10月，我国已有193个省级和地方政府上线政府数据开放平台，74.31%的省级（不含直辖市）政府和51.33%的城市政府已上线了政府数据开放平台。[①]如今，政府数据开放平台数量又有所增长。然而，由于缺乏国家统一中央立法引导，政府数据开放实践存在严重的格式不标准、数据质量差、数据不可用、开放意愿低与公众参与难等痼疾。为克服实践难题，学者们也从技术升级角度提出建设性方案。其中，有学者指出应将区块链技术嵌入政府数据开放制度，为政府数据开放提供“一种以新技术替代传统协调机制，确保高频、复杂的政府数据开放共享治理的技术跃进”。[②]习近平总书记在中共中央政治局第十八次集体学习时也强调“要把区块链作为核心技术自主创新重要突破口”“探索利用区块链数据共享模式，实现政务数据跨部门、跨区域共同维护和利用”。[③]区块链嵌入政府数据开放，确实有制约行政行为、可靠性、透明度高、信用好和延展性强

① 复旦大学数字与移动治理实验室．2021年度中国地方政府数据开放报告［EB/OL］．［2024-11-15］https：//zhuanlan.zhihu.com/p/471929369.

② 张翠梅，方宜．区块链架构下政府数据开放共享治理研究［J］．南通大学学报（社会科学版），2021（6）：62.

③ 石光辉．习近平在中央政治局第十八次集体学习时强调把区块链作为核心技术自主创新重要突破口 加快推动区块链技术和产业创新发展［EB/OL］．［2024-11-15］．https：//www.12371.cn/2019/10/25/ARTI1571999599997950.shtml.

等优势，[①]能有效克服当前政府数据治理中存在的问题，[②]最终在政府数据开放领域实现“技术融入治理、治理共情技术的共建、共治、共享治理的格局”。[③]

6.1.2 档案参与政府数据开放的角色与路径

面对以上政府数据开放立法与平台建设方面存在的问题，各领域研究者与实务工作者都在积极探讨可行的解决之道，期待发挥本领域的作用以共促数据开放。档案学亦将之作为重要课题进行研究。比如，在理论研究方面，马海群在较早时期便提出，“档案数据开放成为学术与实践的新前沿”。[④]陈展等通过比较研究，提出档案数据开放的顶层设计、完善策略与多元合作举措。[⑤]王明明等则从实证分析入手，调研我国10余省份的开放平台，得出档案数据开放存在的标准缺失、意识不足、质量参差等问题。实践方面，2009年美国《开放政府指令》即明确，美国国家档案与文件署（NARA）在推进政府的数据开放共享过程中承担重要责任，要以数据形式开放其历史档案与现行业务文件。[⑥]2014年，国际档案理事会加勒比地区分会以“档案与开放数据”为主题召开第十届大会，探讨如何发挥档案部门作用问题。我国政策制定者也高度重视档案参与政府数据开放问题，2022年颁布实施的《国家档案馆档案开放办法》中提出，档案部门要“推动开放档案跨区域共享利用”，加强档案参与，奠定法治基础。同年

① 李重照，黄璜．中国地方政府数据共享的影响因素研究［J］．中国行政管理，2019（8）：47-54.
② 戚学祥．区块链技术在政府数据治理中的应用：优势、挑战与对策［J］．北京理工大学学报（社会科学版），2018（5）：105.
③ 张翠梅，方宜．区块链架构下政府数据开放共享治理研究［J］．南通大学学报（社会科学版），2021（6）：67.
④ 马海群．档案数据开放的发展路径及政策框架构建研究［J］．档案学通讯，2017（3）：50-56.
⑤ 王协舟，尹鑫．英美法系国家档案数据开放法律与政策调研及经验借鉴——基于文献、文本和案例的省思［J］．档案学通讯，2019（4）：48-57.
⑥ 周文泓，张宁．开放政府框架下档案工作的进展与展望：基于NARA开放政府行动的分析［J］．山西档案，2017（2）：54-58.

7月，全国档案查询利用服务平台即与国家政务服务平台对接，初步打破数据孤岛，实现了档案数据的有效整合。

“档案参与”政府数据开放能满足数字政府建设需要。“数字政府正是DT（Data Technology，DT）时代和智能服务需求的产物”，[①]其建设依赖数字基础设施建设，缺乏良好的数字基础设施，数字政府建设徒劳无功。政府数据是数字基础设施的关键要素，只有大力推动政府数据共享，才能有效发挥政府掌握的数据价值，推动社会治理水平的有效提高。2022年6月，《关于加强数字政府建设的指导意见》提出，坚持数据赋能是数字政府建设的基本原则，只有坚持该项原则，才能实现“数据汇聚融合、共享开放和开发利用，促进数据依法有序流动”。目前，政府日常管理中会收集大量的数据资源，而这些数据资源往往以档案的形式存在，如果不能积极转变政府对档案的管理应用模式，以传统单向关注档案安全变为适应数字时代的应用与保护兼顾的模式，堆积下来的档案数据非但不能成为经济增长推进力，反倒还会影响政府管理活动的顺畅展开。因此，“对这些数据进行开发利用将是未来政府数据开放工作的重心”。[②]将档案数据纳入政府数据开放平台可以充实政府数据资源库，为民众提供更多开放数据。

应承认，以数字形式存在的档案数据本身经济价值有限，只有相关数据被合理合法使用才会产生足够的经济价值。数据作为数字时代的新型石油，已经成为经济发展的新引擎。我国在引领全球数字建设背景下，政府应采取足够措施供给数据，使原被“藏于闺阁”中的政府数据在确保安全的情形下能被妥善应用，满足民众对档案数据的使用需要。近年来，为满足民众对档案的使用需求，部分地方档案主管

---

① 陈玲，段尧清，王冰清．数字政府建设和政府开放数据的耦合协调性分析［J］．情报科学，2020（1）：162-168.

② 钱毅．技术变迁环境下档案对象管理空间演化初探［J］．档案学通讯，2018（2）：10-14.

部门采取系列创新举措。例如，档案部门通过文字著录、OCR识别等方式对早期民生档案进行数据处理，并将姓名等元数据信息以关系数据库的方式进行存储备查。通过统一数据格式，使得相关档案数据可以被应用于民生领域的数据分析、挖掘与整合工作，并基于不同目的形成用途各异的民生信息分析报告，为政府治理决策提供相应参考。除满足各种需求外，档案主管部门参与政府数据开放也有其独特优势与特殊目标。档案是国家的战略性资源，是“确凿的原始明证、可信的事实存照、有效的历史资鉴和珍贵的社会记忆”。[①]从档案生成规律看，档案是对过往政府治理过程的客观记录，也是对未来政府治理活动的有益参考。因此，档案经过数据化，以固定格式、程式收集、整理后，不仅可以有效满足各种需求，而且可以成为我国提高政府治理效率与政府治理能力的重要经验来源。

然而，目前我国档案部门参与政府数据开放存在一些问题。其一，档案部门参与政府数据开放主动性不足。《全国档案事业发展“十三五”规划纲要》中虽提及档案部门应当积极参与政府数据开放建设进程，且少数地方政府数据开放平台确实已将档案开放作为试点工作。然而，在试点过程中，出现档案数据类型、档案数据开放能力、档案数据格式等难保持统一的问题。究其原因，主要在于我国档案部门参与政府数据开放多是被动性参与，缺乏足够主动性，也缺乏必要的外在激励。档案主管部门的主要工作是确保档案的安全，并有效管理档案。然而，政府数据开放需要投入大量的人力、财力与物力，在档案主管部门本身预算与精力有限的情况下，其很难也不应将主要工作重心放在政府数据开放领域，更不用说为此耗费本就拮据的人财物力量建设档案数据开放平台。因此，在档案主管部门参与政府数据开放的过程中，重要的是考虑如何增强档案主管部门的主动性。

① 金波. 大数据时代政府治理的“档案参与”[J]. 求索，2021（3）：135-143.

比如，增加档案主管部门的专项预算，严禁档案主管部门挪用其他领域，并时刻关注档案主管部门的预算推进力度。再如，考虑专门增加档案数据开放平台建设与维护部门，增配具有技术能力的专业人才，解决档案主管部门技术能力不足以支撑档案数据开放平台开发、运行与维护问题。又如，应从法律或行政法规层面明确档案主管部门在政府数据开放中的地位，强调其主动性与引导性。美国国家档案与文件署（NARA）在早期的《开放政府计划4.0 2016—2018》中就明确提出，要积极扮演开放政府数据的提供者，要将NARA的历史档案与现行业务文件以数据形式开放，并要求业务部门的开放数据目录和联邦公报的开放数据也能通过NARA得到链接，体现出它们自身角色定位的准确性。[①]

其二，档案数据开放仅有地方试点，缺乏中央详细规划。中央层面关于档案数据开放的表述重点体现在《全国档案事业发展“十三五”规划纲要》里面，该纲要一方面提出应制订档案数据开放计划，另一方面指出要优先推动与民生保障相关的档案数据服务工作。此后，中央层面基本未出台相关文件明确引导地方开展档案数据开放工作。目前，档案数据开放多是地方试点，但多地试点必然会导致档案主管部门参与政府数据开放工作进度不一、尺度不一，进而人为造成政府档案数据开放的孤岛壁垒，严重影响各地各级政府档案数据的共享互通。长此以往，必然不利于档案事业集中统一管理体制下的档案数据资源优化配置与利用服务。再者，缺乏档案数据开放统一规划，也会使各地在开展档案数据开放试点工作时，缺乏对边界与尺度的把握，甚至可能因惧怕不当开放档案政府数据泄露国家秘密导致追责，而“自我谦抑”。毕竟，不作为就不会犯

① 周文泓，张宁．开放政府框架下档案工作的进展与展望——基于NARA开放政府行动的分析［J］．山西档案，2017（2）：54-55.

错误，少作为就会少犯错误。因此，在未来档案参与政府数据开放工作的过程中，应着力探究路线与规划，促使档案主管部门积极参与政府数据开放工作。此点在域外已有有益经验可以借鉴。比如，英国在2014年7月发布的《国家档案局2014—2015年度报告》中提出，档案数据开放要与英国开放政府数据、透明及信息获取方式的步伐保持一致。①具体到我国，可以考虑在未来修订《档案法》时，对档案主管部门参与档案开放利用工作进行专章规定，并由中央档案主管部门出台实施细则。此外，还可考虑制定档案数据开放技术标准。2020年，《信息技术—大数据—政务数据开放共享—第1部分：总则》（GB/T 38664.1-2020）颁布实施，为我国政府数据开放共享提供技术指引。此后，湖北等地相继出台地方标准。与此不匹配的是，档案行业并没有针对档案数据开放问题出台技术标准，因此，应从档案数据分类、格式、接口、质量、获取、处理、利用、存储等方面全面制定档案数据开放技术标准。

总之，“万物皆数”的时代，档案数据成为档案的主要存储形态，档案与数据之间边界也日益模糊。②档案主管部门作为政府数据的主要持有者，应积极参与政府数据开放建设，加速推进档案数据的开放工作。档案主管部门参与政府数据开放建设，既是其自身职责使然，也是满足多元主体数据需要的必然需求。档案部门不应因惧怕困难、惧怕追责、惧怕投入而选择拒绝推进档案数据开放工作，而是应“对于开放数据这一新事物要先知先觉，争当先行者”。③

---

① 马海群．档案数据开放的发展路径及政策框架构建研究［J］．档案学通讯，2017（3）：51．

② 金波，周枫，杨鹏．档案数据研究进展与研究题域［J］．情报科学，2021（11）：187-193．

③ 吕颜冰．论档案部门参与开放数据建设的问题与途径［J］．档案管理，2016（1）：20-23．

6.2 档案数据利用中的个人信息保护

档案数据中往往包含用户基本信息、查询信息、反馈信息与分析信息。基本信息包括姓名、性别、年龄等；查询信息包括查询记录、检索记录等；反馈信息包括转发信息、评论信息等；分析信息包括借助算法技术对以上数据进行分析后得到的信息。档案数据信息往往包括以下特征：（1）唯一性。档案数据中的个人信息具有唯一性，是档案数据领域保护个人信息的基础性信息。（2）隐私性。档案数据中的个人信息常与个人信息隐私、生活安宁等相关。（3）价值性。档案数据中的个人信息具有商业利用价值。档案机构可以通过档案用户注册信息、检索记录、浏览和下载情况等数据进行统计与分析，为档案工作人员提供实时性的社群信息。尽管档案机构及档案工作属于社会公益性质，但其衍生出的档案用户个人信息潜藏经济价值，可能会吸引不法分子的注意，进而给档案用户个人信息带来风险。①目前，档案数据用户个人信息保护方面存在如下典型违法犯罪行为：信息被违法泄露、信息被默认采集与信息失控传播。比如，个人信息被默认采集，知情同意无权落实。尽管知情同意原则是公民个人信息保护的帝王原则，但App（应用程序）默认采集或未经允许采集问题仍较为突出。数字档案通过App向用户传播，面临被默认采集的风险，为解决以上问题，应注意在个人信息保护领域落实被遗忘权与知情同意权（尤其是监护人知情同意权）。

① 聂云霞，黄文琼．数字档案用户个人信息保护的现实困境与解决思路［J］．档案学研究，2019（1）：75-79.

6.2.1 个人信息保护之被遗忘权的落实

大数据时代，记忆成为常态，遗忘成为例外。然而，档案数据的长期储存可能导致档案数据所指向的个人信息时刻处于泄露风险之中，或者个人信息其他权利受到侵犯。此背景下，被遗忘权应用于档案数据领域便成为应有之义。“被遗忘权”属于法律舶来品，欧盟最早给予关注并在立法与司法中予以确认。2012年1月，欧盟公布的《通用数据保护条例（草案）》第17条“被遗忘与删除的权利”（right to be forgotten and to erasure）中提到“信息主体有权要求信息控制者删除与其个人相关的资料信息，特别是当信息主体是不满18周岁的未成年人时”。①2014年3月，修改后的草案重新将第17条命名为“删除权”（right to erasure），顺带还删除了对“当信息主体是未成年人”的特别强调。2016年4月，欧盟正式通过《通用数据保护条例》（以下简称GDPR），第17条又被修改命名为删除权（被遗忘权）（right to erasure（right to be forgotten））。②在借鉴欧盟经验的基础上，被遗忘权的本土研究以民法学者为主，主要围绕被遗忘权的权利属性及其内容以及《侵权责任法》的隐私权规定和侵权责任的一般规定对数据遗忘权进行有限救济，民事领域应否与如何确立独立的数据遗忘权以及救济途径等问题展开讨论，③形成了丰富的学术成果。郑曦在刑事程序法中讨论“被遗忘权”问题，④孙道萃在刑事实体法中讨论

---

① Commission Proposal for a Regulation of the European Parliament and of the Council on the Protection of Indi- viduals with Regard to the Processing of Personal Data and on the Free Movement of Such Data （General Data Protection Regulation），COM（2012）11final.

② REGULATION （EU）2016/679 OF THE EUROPEAN PARLIAMENT AND OF THE COUNCILof 27 April 2016 on the protection of natural persons with regard to the processing of personal data and on the free movement of such data，and repealing Directive 95/46/EC（General Data Protection Regul ation）（Text with EE Arelevance）[EB/OL]．[2024-12-15]．https：// eurlex. europa. eu/legalcontent/EN/TXT/? qid=1532348683434&uri=CELEX：02016R067920160504.

③ 孙道萃．数据遗忘权的刑法学观察与协同保护［J］．西部法律评论，2016（4）：34.

④ 郑曦．个人信息保护视角下的刑事被遗忘权对应义务研究［J］．浙江工商大学学报，2019（1）：45-54.

“被遗忘权”的协同保护问题。[1]

然而，相关研究存在一些问题。比如，将被遗忘权等同于刑事诉讼制度中的遗忘权。可是，遗忘权制度是刑事诉讼制度，可溯及至法国20世纪80年代设置的“le droit à l’oubli”制度，[2]该制度赋予罪犯在服刑期满一定时间后请求被社会“遗忘”的权利，通过从剔除或封存犯罪档案或禁止媒体刊发其犯罪与服刑情况的手段使其重新享有“清白历史”，使其不至于因先前犯罪行为而受到社会的歧视。郑曦认为《中华人民共和国刑事诉讼法》（以下简称《刑事诉讼法》）中未成年人犯罪记录封存制度“已经符合‘le droit à l’oubli’这一被遗忘权的本源权利关于准许罪犯被定罪和被监禁事实不被公开的基本要求，从而为被遗忘权在我国刑事领域的确立和继续发展提供了法律根据的基础”。[3]刑事诉讼领域的被遗忘权与GDPR确认的被遗忘权实属不同权利，后者是在永恒数据时代下，为防止数据主体陷入数据化“圆形监狱”的控制，[4]而赋予数据主体要求数据控制者不延误地删除虽经合法收集、加工、使用及传输的“不好的、不相关的、过时的涉及数据主体的信息”。本处数据主体不限于罪犯，被删除的个人数据并非犯罪与服刑记录，可能是被合法收集的全部线上数据。其实，GDPR确认的被遗忘权适用范围并不包括公务机关封存的犯罪与服刑记录，如GDPR第2条第2款d项规定“由当局为预防、调查、侦查

---

① 孙道萃. 数据遗忘权的刑法学观察与协同保护［J］. 西部法律评论，2016（4）：34.

② SEE ROSEN.The Right to Be Forgotten［J］.Stanford Law Review Online，2012（64）：88-92.

③ 要说明的是，郑曦虽将“le droit à l’oubli”制度称为被遗忘权，但多数学者还是将之译为遗忘权、忘却权、湮没权。尽管目前刑事司法领域关于封存罪犯犯罪记录的规定还很难被等同于被遗忘权，但不妨将其视为被遗忘权在刑事司法中的一种原始样态，稍加修正就可以出现正式权利形式的被遗忘制度。此外，从这些规定也可以看出，被遗忘权在刑事法领域是有广阔的适用空间的。郑曦.“被遗忘”的权利：刑事司法视野下被遗忘权的适用［J］. 学习与探索，2016（4）：62.赵锐. 被遗忘权：理性评判与法律构造［J］. 北京理工大学学报（社会科学版），2016（5）：132.夏燕.“被遗忘权”之争——基于欧盟个人数据保护立法改革的考察［J］. 北京理工大学学报（社会科学版），2015（12）：133.

④ 圆形监狱为边沁提出，意指构建一所监视者位于圆心，被监视者房间呈环形分布的监狱，借用圆的几何特征以及一些相应建筑设计实现一个监视者就可以监视所有的犯人，而犯人却无法确定他们是否受到监视的目的。张志安，邹禹同. 大数据时代“被遗忘权”的中国引入：意义与限制［J］. 中国出版，2018（2）：23.

或起诉的刑事犯罪或执行刑事处罚，包括防范和防止公共安全受到威胁”情形下个人数据处理行为不受GDPR的调整。GDPR第17条第3款b项也指明“为遵守需要由控制者所受制的联盟或成员国法律处理的法律义务，或为了公共利益或在行使被授予控制者官方权限执行任务”情形下第17条第1款第2款的删除权（被遗忘权）不被适用。①

欧盟制定GDPR时在被遗忘权的立法设置与用语表达上存在前后反复，从初始的“被遗忘与删除的权利”到“删除权”再到定稿的“删除权（被遗忘权）”，用语表达的变动好像表明了不用区分被遗忘权与删除权，直接将二者混用即可。这便导致部分学者在评述被遗忘权时将之定义为删除权，指代信息主体对信息收集者收集、存储和利用的信息，在出现法定或约定的理由时，请求信息控制者删除信息并停止传播的权利。②他们还提出从GDPR看被遗忘权与删除权应该是等价的权利，被遗忘权出现在括号内更应被视为权利的“小名”，而GDPR第17条的“大名”则是删除权。③可见，持本立场者基本将被遗忘权视为将删除权这一旧酒装入新瓶的产物。不同的是，部分学者虽然认可被遗忘权与删除权不是相同的权利，但是却被认为被遗忘权不是新型权利，其来自既有的个人信息自决权、遗忘权与删除权，将被遗忘权视为欧盟数据法治体系下零散删除权的完备升级版，是在应对永恒数字信息问题时对删除权的扩张及对遗忘权的扩大。④从该学

---

① REGULATION（EU）2016/679 OF THE EUROPEAN PARLIAMENT AND OF THE COUNCILof 27 April 2016 on the protection of natural persons with regard to the processing of personal data and on the free movement of such data，and repealing Directive 95/46/EC（General Data Protection Regul ation）(Text with EE Arelevance)［EB/OL］.［2024-12-15］. https://eurlex. europa. eu/legalcontent/EN/TXT/? qid=1532348683434&uri=CELEX：02016R067920160504.

② 彭支援. 被遗忘权初探［J］. 中北大学学报（社会科学版），2014（1）：37.

③ 刘文杰. 被遗忘权：传统元素、新语境与利益衡量［J］. 法学研究，2018（2）：25.

④ 张里安，韩旭至. “被遗忘权”：大数据时代下的新问题［J］. 河北法学，2017（3）：33-43.

者的论证中，我们还可以发现另一层隐含结论：被遗忘权虽不是无中生有的权利，但却是与个人信息自决权、删除权、遗忘权不相同的权利，在本种意义上称为新型权利也不为过。

其一，被遗忘权不同于个人信息自决权。德国联邦宪法法院于1983年“人口普查案”的审理中，[①]从《基本法》第1条第1款“人性尊严”与第2条第1款“一般人格权”条款中推导出“个人信息自决权”，[②]该宪法性权利赋予公民在除却“重大公共利益”等特殊情形外，可以自由决定何时、何地、以何种形式及何种界限向国家公务机关公布个人生活事实的权利。那些主张个人信息自决权可以处理非公务机关信息处理行为的意见，“显然扩大解释了人口普查案的判决，错误地理解了德国联邦宪法法院关于个人信息自决权的态度，从而扩张了本罪的保护范围，而这种误解可能来源于对判决中某些段落有意或无意的忽视”。[③]不同的是，被遗忘权不是宪法性权利，也不是对抗国家公务机关信息搜索行为的权利。“谷歌诉冈萨雷斯被遗忘权案”被视为被遗忘权司法第一案，欧盟法院认为有关主体的“不好的、不相关的、过分的”信息应当从搜索结果中删除，本判决并不具有宪法性质。[④]再者，本判决中确认的义务主体为类似于谷歌的网络搜索引擎服务提供者，直到2016年正式通过的GDPR才将数据“控制者”“处理者”“第三方”的范围拓展为自然人、法人、公共机构、行政机关或其他法人组织。

其二，被遗忘权不同于删除权。删除权可分为广义删除权与狭义删除权，前者包括被遗忘权与删除权。被遗忘权与狭义删除权近似处

---

① 作者根据相关资料整理。

② 肖赫．信息社会背景下的信息自决权［J］．查云飞，阮爽，译．北京航空航天大学学报（社会科学版），2015（6）：47.

③ 杨芳．个人信息自决权理论及其检讨——兼论个人信息保护法之保护客体［J］．比较法研究，2015（6）：29.

④ 周婧．被遗忘权的概念研究——与隐私权、信息自决权的概念比较［J］．北京政法职业学院学报，2017（2）：79.

于要求数据控制者进行数据删除，但数据主体依据删除权要求删除的数据信息为没有合法基础而收集、使用与传递的数据信息，即属于侵权或违约的数据处理行为是狭义删除权的调整对象。《网络安全法》规定“个人发现网络运营者违反法律、行政法规的规定或者双方的约定收集、使用其个人信息的，有权要求网络运营者删除其个人信息……网络运营者应当采取措施予以删除或者更正”。被遗忘权针对的信息则是数据控制者在合法基础上收集、使用与传递的数据信息，只是该信息在数据主体申请删除时已成为不好的、不相关的、过时的数据信息。一旦被遗忘权利主体行使权利，数据控制者应该及时删除自己控制的数据，还应该采取有效措施协助权利主体删除经其传播出去的数据信息，如第一时间通知其他传播本数据的数据控制者进行数据删除。可见，被遗忘权的内涵已超越了狭义删除权，[①]成为与狭义删除权本质不同的新型权利。[②]与其说被遗忘权是新瓶装旧酒，不如说是新瓶与旧酒的结合，[③]是建立在既有规则上旨在更好应对网络隐私风险的新型权利。

综上所述，被遗忘权与个人信息自决权不同，被遗忘权不是宪法性权利，且主要约束对象非国家机关信息处理行为，而是诸如谷歌、百度此类的网络搜索引擎服务提供者的信息处理行为；与刑事诉讼遗忘权不同，本处数据主体不限于罪犯，被删除的个人数据并非犯罪与服刑记录，可能是被合法收集的全部线上数据；与狭义删除权不同，被遗忘权针对的信息则是数据控制者在合法基础上收集、使用与传递的数据信息，只是该信息在数据主体申请删除时已成为不好的、不相关的、过时的数据信息，目的是维护人格尊严、

---

① 于浩．被遗忘权：制度构造与中国本土化研究［J］．华东师范大学学报（哲学社会科学版），2018（3）：151.

② 薛丽．GDPR生效背景下我国被遗忘权确立研究［J］．法学论坛，2019（2）：100.

③ 郑志峰．网络社会的被遗忘权研究［J］．法商研究，2015（6）：51.

自由和公平。本书将被遗忘权的内涵界定为信息主体对已通过合法形式发布在网络上（不论是自己发布还是他人发布），有关自身的不充分、不相关（或不再相关）、过分的信息或者收集处理的目的已失去的信息，请求信息控制者或信息处理者予以删除的权利，除非信息的保留有合法的理由。

将被遗忘权引申到档案学领域，是指应允许当事人个人申请删除其被保存在档案数据中的相关信息。如何平衡档案收集管理权与个人被遗忘权成为档案数据管理领域的新难题。为解决相关问题，法学和档案学需要协作，探索被遗忘权在档案收集工作中的应用，这对档案学在现代社会持续发展具有很大意义。首先，应重视个人信息权，构建档案区分体系。现代法律在保护社会利益的同时，将个人权益也纳入保护的范围。同样，档案控制权的复杂化也是个人权利兴起的体现，无论是在档案工作的前期还是后期归档都应当对个人权益予以重视。与个人权益紧密相关的被遗忘权所蕴含的本质精神是“适当删除，清白历史”，实质上是增加了个人对档案的控制权，其目的是为个人参与自身档案管理提供有效途径。但被遗忘权寻根究底是大数据兴起以后被关注到的新型权利，该项权利的启动是对公众受到失真信息侵害后的事后救济，要想避免失真信息的流入势必要从源头控制。将被遗忘权融入档案工作，不能是机械化地照本宣科，而是应当将被遗忘权的内在精神融入其中。其次，多部门协调明确敏感信息范围。在档案工作中，某个信息需要被删除，除了可能存在信息失真的情况外，还有可能是对个人隐私披露过多。将被遗忘权引入档案工作的目的之一也是减少档案工作对个人敏感信息的涉及，但无论是档案学还是法学对于个人隐私的规定都较为模糊，缺乏统一适用的标准，这也导致后续工作的开展存在困难。将被遗忘权引入档案工作的前提是明确个人敏感信息的范畴，进而才能够对信息进行分类分级，将属于个人敏感信息的内容剔除。只有明确基础概念的范围，才能够将被遗忘权的精神内核与现代档案学相结合，共同架构多主体参与的档案生成工作。最后，结合我国国情，划分多主体职责范畴。档案工作的主体现今已不再局限于档案管理机构，档案类型的增多以及个人权利的觉醒使得更多主体参与到了档案工作中。因此，在档案数据领域处理被遗忘权问题时，各主体间的责任划分就成为值得关注的重要问题。档案管理机构应当承担起更多的社会责任，在档案工作中对公民的敏感信息进行甄别，在此基础上进行利益衡量。公民参与档案管理则与被遗忘权的引入息息相关，公民通过向档案管理机构提出申请，对个人档案中的失真信息进行删除，以求参与到档案管理工作中，维护自身应有的权益。

6.2.2 知情同意权及监护人知情同意权的落实

档案个人数据生成的前提是获得个人信息主体的知情同意，然而，从数字法治的整体运行情况看，个人信息主体知情同意权及监护人知情同意权长期处于形式同意状态。对于二者，法学界多关注知情同意权落实问题，对监护人知情同意权的落实问题讨论不足。然而，监护人知情同意权理论虽基本能转移适用于知情同意权，但也有其特殊性。因此，本书选择档案数字化建设中监护人知情同意权的落实问题作为重点研讨方向。个人信息的“价值在技术迭代中不断增量，甚至溢出个人私权的范畴，成为带有一定公共属性的社会资源”。[①]因此，档案信息处理者为提升档案信息的利用价值，必将利用多种手段获取用户信息，并进行人像刻画，以及实现消费信息精准推送。然而，档案个人信息由于多具有可识别性，较之一般信息而言，更容易

① 陈峰，王丽荣. 个人信息“知情同意规则”的功能检视与完善进路［J］. 广西社会科学，2021（8）：106.

成为信息违法犯罪行为的侵害对象。为消除档案个人信息处理者与信息主体间的权利鸿沟，在实践应用过程中档案部门应高度关注对信息主体知情同意权的维护，即尊重信息主体对个人信息享有的排他自我决定权。[①]

我国在《网络安全法》《民法典》《个人信息保护法》等法律中均对知情同意权进行了明确。同时，以隐私权理论为基础形成的美国个人信息保护法律，以及以人格权理论为基础形成的欧洲个人数据保护体系亦均将知情同意权作为影响个人信息保护实效的基础规则。自知情同意权被提出以来，学者们给予了广泛关注，并逐渐形成否定说与修正说。否定说认为知情同意权存在形式大于实质、背离个人信息社会属性等问题。[②]修正说则在“承认知情同意势差的基础上，通过对信息主体的非对称性赋权，缩减其与信息收集者的力量势差”，[③]具体修正意见包括弱同意、友好告知、目的限制、区分授权、敏感分级、信用授权等。[④]与知情同意权广受关注的景象不同，作为知情同意权在儿童信息保护领域变体的监护人知情同意权却处于被遗忘的尴尬境地。寥寥数篇文章仅是粗线条地勾勒了监护人知情同意权的理论源头、域外观点等宏观问题，缺乏类型化分析。以上研究不足也将直接影响档案数字化建设进程中对档案主体个人信息的保护力度。因此，应将研究视角复归一般数字法治领域，全面概览监护人知情同意权的研究现状、既存问题与解决举措，以推动监护人知情同意权未来在数字档案领域的有效应用。

一般数字法治领域，针对监护人知情同意权的唱衰之声在学界蔓

① 除为公共利益等特殊的法定情形外，个人信息自决权不受侵犯。

② 宁园. 个人信息保护中知情同意规则的坚守与修正［J］. 江西财经大学学报，2020（2）：115.

③ 陈峰，王利荣. 个人信息“知情同意权”的功能检视与完善进路［J］. 广西社会科学，2021（8）：107.

④ 冯恺. 个人信息“选择退出”机制的检视和反思［J］. 环球法律评论，2020（4）：148-165.

延，甚至有论者提出儿童个人信息保护本身即为“伪命题”。[①]批评意见包括：其一，各国对作为监护人知情同意权基础的年龄界限理解不一，且存在立法反复现象。比如，德国、西班牙是14岁、荷兰是16岁。[②]其二，监护人介入儿童网络行为，是对儿童信息自决权的剥夺，会降低儿童上网质量与通过网络发现机会的可能性，同时也会削弱儿童抵御风险的能力。有论者甚至提出，父母过度的介入会影响到儿童的社交质量，使儿童在生活社交圈内被其他儿童孤立。其三，部分监护人行为背离“监护人与儿童利益一致”的理论预设，自身便是侵犯儿童信息权的行为主体。比如，监护人出于炫耀等目的在网络上会散布子女信息，此种“晒娃”行为会给儿童信息保护带来长远的隐患。其四，监护人知情同意权存在形式大于实质的问题，判断同意者是父母还是其他人员存在沉重的技术与成本难题，[③]要求进行同意者身份核验与保障监护人知情同意权会使信息收集者承担沉重的经济负外部性成本。这些批判理由可被归纳为监护人知情同意年龄问题、监护权与儿童自决权的界限问题以及监护人知情同意权的经济负外部性问题。

然而，监护人知情同意权在一般数字法治领域是否真的如否定论者所言的那样走到了尽头了吗？面对大数据时代的冲击，监护人知情同意权又该往何处去呢？本书认为在立法者已经明文确认监护人知情同意权法律地位的背景下，[④]轻言“放弃，已不合时宜，理性的选择应当是研究如何缓解乃至化解同意规则的实施困境”。

---

① 该论者认为由于儿童信息没有多少财产价值，收集儿童信息的应用场景很少，实践中往往是父母等监护人“代为受过”，对儿童消费的营销都精准地定位到父母，我国的儿童个人信息保护似乎是个“伪命题”。孙益武．儿童个人信息保护是伪命题还是真难题——兼评《儿童个人信息网络保护规定》[J]．青少年犯罪问题，2020（2）：90-97．

② 王苑．中国未成年人网络个人信息保护的立法进路——对“监护人或家长同意”机制的反思[J]．西安交通大学学报（社会科学版），2019（6）：134．

③ 王苑．中国未成年人网络个人信息保护的立法进路——对“监护人或家长同意”机制的反思[J]．西安交通大学学报（社会科学版），2019（6）：136．

④ 《民法典》《个人信息保护法》等均是对监护人知情同意权的成文规定。

首先，监护人知情同意年龄问题。本书认为无论是我国采用的统一年龄标准制度，还是监护人知情同意权年龄与民事行为能力年龄不统一的现象，抑或是各国立法者对监护人知情同意权的年龄标准规定不一的现象均具有存在合理性。其一，法的规约性与确定性要求立法者规定统一的同意年龄标准。法的规约性是指立法者将个案判决的理念抽象规约为统一的法律原则，并通过能普遍适用且可被证实的法律原则来确定合理的法律秩序。显然，立法者在监护人知情同意领域设定统一年龄标准的目的便是如此，意在追求避免法官在个案判断时完全依据过往经验的可能性，防止法律判断结论的非理性化。同时，规定明确的法律标准亦可为国民提供行为准则，实现法的确定性与国民活动的活跃性。此外，“为了降低法律运行的不确定性，法律的数字化表达已经成为立法者一种迫不得已的选择”。[①]如若法律适用中不存在统一的监护人知情同意认定标准，而是如同否定论者提倡的那样，在儿童个人信息保护领域完全采用动态式、场景化的同意效力认定方法，又或者说取消年龄标准改而参照其他学科的认定标准，都必将会加剧法律的模糊性与不确定性，进而降低国民预测可能性，使国民行为陷入到合法与非法判断无据可循的尴尬境地。因此，各国在儿童个人信息保护领域多选择采用设定统一同意年龄标准的立法模式，即确定明确的年龄边界作为判断监护人是否具有替代决策的标准。当然，不可否认，否定论者提出的“临界年龄”问题确实需要予以解决，[②]但解决路径绝不应是推翻监护人知情同意权，而是应思考如何在坚守的基础上进行改造，以提升监护人知情同意权的现实适应

---

① 王彬. 成年年龄的法律拟制［J］. 学术交流，2016（12）：72.

② 所谓临界问题是指对距离法定年龄仅差数月或者数天或者数小时的儿童，其实际同意能力已与法定年龄者基本相同。此时，如果一律按照法定年龄来认定，则将导致临界问题，使结果有失公平。

力。[①]其二，民事法理中同意能力与行为能力区分论为儿童个人信息保护领域监护人知情同意年龄标准与民事行为能力年龄标准的相对分离提供了正当化依据。区分论认为行为主体同意能力与行为能力相比较，前者对意思能力的要求更低，后者对意思能力的要求则较高。行为主体作出同意时，只需要能理解同意事实行为的性质、损害后果，并基于利益衡量作出价值判断即可。[②]据此，个人信息保护领域中儿童对自己的信息作出意思表示时不以成为完全民事行为能力人为必要，只需要考察是否具备作出相应同意的意思能力即可。[③]从而，“基于儿童的‘同意能力’确立的年龄标准与基于自然人的‘行为能力’而确立的年龄标准在结果上便会有差异”。[④]其三，民法属于典型的国内法，监护人知情同意权作为民事法律规则，其具体细则的制定虽需关注国际趋势，但却不必亦步亦趋，更没有必要进行简单移植。[⑤]

其次，监护权与儿童自决权冲突问题。有论者认为未成年人个人信息法律保护的设计中监护人与未成年人利益一致的前提预设并不恰当。[⑥]这种论证具有合理性。以父母监护为例，一方面，儿童生长的过程中越来越多地要求自主的隐私空间与信息自我决定权。这使得“数字生活”环境中儿童隐私权保护与父母等监护人监管之间出现冲突。若过于强调对儿童信息自主权利的尊重，势必会导致儿童“数字生活”的无序；而父母监护不力，又势必会导致儿童数字权益受损。

---

① 冯恺．个人信息处理中“儿童同意”的年龄标准［J］．暨南学报（哲学社会科学版），2021（8）：95.

② 龙卫球．民法总论［M］．北京：中国法制出版社，2003：240.

③ 冯恺．个人信息处理中“儿童同意”的年龄标准［J］．暨南学报（哲学社会科学版），2021（8）：92.

④ 冯恺．个人信息处理中“儿童同意”的年龄标准［J］．暨南学报（哲学社会科学版），2021（8）：93.

⑤ 国内法与国际法关系问题彰显于民法典制定的全过程与全领域，“如何处理本土化与国际化的关系是一个应受重视的问题”。郭明瑞．关于编纂民法典须处理的几种关系的思考［J］．清华法学，2014（6）：34.

⑥ 江海洋．大数据时代未成年人个人信息保护研究［J］．图书馆建设，2020（3）：61.

另一方面，父母等监护人在行使因监护权而拥有的儿童信息处理“替代决定权”时，可能会出于“炫耀”的目的“晒娃”，但此种“晒娃”行为除满足父母的虚荣心外，对儿童而言别无益处。虽然儿童在网络时代比父母或其他监护人具有更强的接受能力，但此接受能力的原动力是“儿童的无知与无畏”。儿童极可能不顾网络可能带来的损害，仅追求“网络冲浪的自由”。与儿童相比，父母或其他监护人在作出是否允许他人收集、处理儿童数据时则必将会对涉及的利益进行评估衡量，并基于其个人经验作出最优化选择，以规避对孩子的潜在、隐蔽之信息侵权风险。因此，无论是基于侵权获取监护权的父母，还是基于法律规定而获取监护权的其他监护人，相较于儿童而言，在个人信息保护领域均为更适格的知情同意主体。此外，监护人监护权与儿童自我决定权之间不是非此即彼的二元互斥关系，而是“和谐与冲突”共存的关系，这是一种由立法者刻意营造的动态平衡关系。立法者基于对未成年人的充分保护，以及通过保护未成年人履行监护职责等利益的考量，可以通过制度安排很好地实现两者间的稳定协调。即便如此，本书亦认为监护权并非漫无边界的权利，监护人行使监护权须受到“比例原则”与儿童信息自决权的适当限制。当儿童明确表示反对，或者监护人所作出的决定与儿童利益明显相悖时，监护人所作的同意表示则处于随时可被撤销的状态。

监护人知情同意经济负外部性问题。经济学中的“外部性”是指一件事对他人产生的有利（正外部性）或不利（负外部性）的影响。[①]目前，有论者将“外部性”理论引入对知情同意权规则存废的论证中，[②]用之指代由知情同意规则的贯彻实施为技术创新、数字经

① 李建军. 技术创新活动的负外部性及其缓冲机制分析［J］. 中国人民大学学报，2008（1）：126.

② 宁园. 个人信息保护中知情同意规则的坚守与修正［J］. 江西财经大学学报，2020（2）：115.

济产业发展所增加的成本。同样，如果按照这些学者的观点，由于监护人知情同意权必然要求个人信息收集者承担较之知情同意规则还为沉重的年龄识别、实质告知与动态同意义务，这些义务的存在无疑也会成为监护人知情同意权的经济负外部性成本。然而，与传统商业模式不同，互联网经济的逻辑是用看似免费的服务换取用户注意力。因此，作为用户的信息主体，不能天真地认为"天下会有免费的午餐"。互联网作为群体性注意力经济，核心是用户黏着力。为获取用户关注，互联网企业多会以看似免费的资源吸引用户，并激励用户对外分享。在垄断足够用户群后，互联网企业还会以各种理由诱导用户赋予其收集、使用用户信息的概括手段，并基于相关数据实现个性化推荐与大数据杀熟。比如，互联网企业会根据收集到的消费者信息，对消费者的价格忍耐度、消费偏好、家庭构成等信息进行定量分析，利用客户对其平台的"黏着度"以及价格信息不对称，针对同一个商品向不同的客户提供不同的购买价格。[①]尽管大数据杀熟有直接定价差异与间接定价差异两种模式，[②]但无论是采用何种模式，最终受损的肯定是作为消费者的用户。此外，互联网企业还可能利用其市场占有率优势，在聚集一定用户量后，减少平台基本服务的内容与降低平台基本服务的质量，进而要求用户支付额外的费用以获取增值服务，享受更好的程序体验。因此，我们不应不合理地低估作为信息收集者的互联网企业消化成本的能力。除向用户攫取利益外，互联网企业还会通过向第三方收取费用，以摊派信息获取成本，提升企业盈利数额。比如，通过提供互联网广告服务以向第三方收取费用。谷歌2017年第四季度财报显示，在线广告服务是谷歌公司最赚钱的业务条线，收入

① 邹开亮，刘佳明. 大数据"杀熟"的法律规制困境与出路——仅从《消费者权益保护法》的角度考量［J］. 价格理论与实践，2018（8）：47.

② 朱程程. 大数据杀熟的违法性分析与法律规制探究——基于消费者权益保护视角的分析［J］. 南方金融，2020（4）：92.

达到272.7亿美元，占谷歌公司总收入的84%。Meta的在线广告收入服务收入更是占总收入的98%。因此，“在显性的用户无偿接受网络服务的覆盖下，隐藏的是平台提供者经由多样化渠道获得的可观利润。其实，为了能够在市场竞争中处于不败地位，平台企业不断壮大，以多环平台生态圈的形态，将利润来源分散且多元化”。[①]

“横看成岭侧成峰”，视角影响判断结论。对信息收集者而言，知情同意权与监护人知情同意权会增加其获取信息的成本，属于具有“负外部性”的法律制度。但从信息主体角度看，知情同意权与监护人知情同意权利更利于保障信息主体的信息安全，属于具有“正外部性”的法律制度。因而，虽不能否认“严格的知情同意规则短期内不可避免地会冲击数据企业和数据经济，但个人信息保护的强化是长期良性循环的开始。就像失修的堤坝，若不在尚未达到预警水位时及时修复，反而选择摧毁堤坝，只专注于修建城市防汛系统，显然会错过避免灾难的最佳时机”。[②]同时，如果作为信息收集者的互联网企业果真会因监护人知情同意权的存在而举步维艰，难以盈利，华为公司等处于国内数据服务头部的公司也不会联合起来大力宣传，要求加大对用户隐私保护的力度。尽管这些宣言至少能凸显信息收集者的经济底气，即其拥有足够的财力应对知情同意权以及监护人知情同意权所带来的技术成本。总之，本书认为任何试图以存在经济负外部性为由否定知情同意权以及监护人知情同意权的观点均有所偏颇，且实属未切中要点。

除前述否定结论外，本书认为不妨从数字时代与监护人知情同意权的内在耦合性视角出发，对数字时代提倡监护人知情同意权的必要

---

① 姚黎黎．互联网平台免费服务提供者义务之设定［J］．重庆邮电大学学报（社会科学版），2017（6）：61.

② 宁园．个人信息保护中知情同意规则的坚守与修正［J］．江西财经大学学报，2020（2）：116.

性进行深入论证。总体来看，本书认为数字时代存在的数字身份失控风险与信息地位势差问题是继续强化与提倡监护人知情同意权的现实基础。

其一，数字身份失控风险。信息控制理论提出个人拥有信息自决权。《儿童权利公约》规定，儿童的隐私、家庭、住宅或通信不受任意和非法干涉。因此，如果结合信息控制理论与《儿童权利公约》来看，大数据时代儿童也应享有与成人相同的信息自决权。与过往任何时代不同，大数据时代“相忘于江湖早已成为奢望，相濡以沫反成常态”。[①]此情境下，从儿童身上收集的网络数据可能在未来不确定的时刻，被网络服务提供者用不确定的算法用于不确定的客户端，以创建儿童所不知道的数字身份。因此，被信息收集者所收集的儿童数据在大数据时代时刻处于未知的风险，即存在数字身份失控的风险。在儿童利益最大化价值观的引导下，立法者要求儿童的父母或者其他监护人代替儿童来行使个人信息自决权，显然更具合理性与风险防控可行性。有论者可能会借助数据遗忘权或数据删除权理论来否定本书观点，提出儿童在心智成熟后可要求信息收集者删除不适当、不适时的数据信息，以此保证儿童信息被互联网遗忘。可是，“在感性欲望和经济效益主导的互联网中，被遗忘权所追求的信息自决只是一种幻想”。[②]以“全球被遗忘权第一案”冈萨雷斯诉谷歌案为例，2014年西班牙冈萨雷斯要求谷歌删除基于其名字的搜索链接，欧盟法院也确认用户有权从搜索引擎中删除自己的名字或相关链接、隐藏特定条目。然而，欧盟法院也早已确认“目前，根据欧盟法律，搜索引擎服务商没有义务在同意信息主体提出的删除请求后……对其搜索引擎的

① 刘泽刚. 过度互联时代被遗忘权保护与自由的代价［J］. 当代法学，2019（1）：91.

② 刘泽刚. 过度互联时代被遗忘权保护与自由的代价［J］. 当代法学，2019（1）：91.

所有版本都进行这样的删除”。[①]

其二，信息地位势差问题。大数据时代信息收集者与信息主体间的利益冲突愈发明显，为掌握更多信息并获取竞争优势，信息收集者会通过提供格式化隐私服务协议的方式要求信息主体概括授权，以削弱信息主体对个人信息的控制力。如此一来，在信息收集者与信息主体之间便形成了信息地位势差。通常，司法中消灭信息地位势差的手段是在承认势差合理性的基础上，通过设定限制强势地位者滥权空间来尽可能缩小势差对弱势地位者的伤害。比如，立法者会要求强势地位者遵守民法中的信义义务，收集个人信息时要征得其同意，提供格式条款时作必要说明等。理论上，加重义务可减少强势地位者滥权的可能性，但如今此种意在保护弱势信息主体的制度，却正逐渐异化为信息收集者拉大势差鸿沟的法律依据。为规避风险，减少漏洞，信息收集者会为所有用户提供格式僵化、内容乏味的格式条款，信息主体不仅难以理解此条款，且疲于在无用名词解释中浪费时间，逐渐形成“柠檬均衡”效应，信息主体对非价格条款（隐私权政策）和潜在的损害了解并不充分。在未能充分了解数据收集者所带来的不利的情况下，轻率地作出流于形式的同意。[②]总之，“监护人知情同意权为儿童个人隐私保护提供了长期稳定的因应模式，应成为所有类别儿童个人信息收集时共同遵守的一般性行为准则”。[③]

当然，在提倡监护人知情同意权的同时也不可否认，监护人知情同意权的实践运行存在困境。其中，“既有结构性问题，也有认识问题，更有内在悖论”。[④]

① 郭小安，雷闪闪．“数据被遗忘权”实施困境与我国的应对策略［J］．理论探索，2016（6）：110．

② 王雪乔．论欧盟GDPR中个人数据保护与“同意”细分［J］．政法论丛，2019（4）：136-146．

③ 范海潮，顾理平．探寻平衡之道：隐私保护中知情同意原则的实践困境与修正［J］．新闻与传播研究，2021（2）：75．

④ 吕炳斌．个人信息保护的“同意”困难及其出路［J］．法商研究，2021（2）：87．

其一，监护人知情同意权过于原则化，缺乏操作指引，且并未考察到自然人与组织体监护人知情同意权的差别。《个人信息保护法》、《儿童个人信息网络保护规定》和《民法典》等均仅规定信息收集者在收集、处理未成年人个人信息时，需要征得未成年人父母或者其他监护人的同意。然而，对如何征得同意，如何进行验证，获取何种程度的同意即可免责等事项并未作出规定。该立法模式实质上是将监护人知情同意有效性判断的权利让渡给信息收集者。信息收集者在作出选择时又必然会选择对其有利的规则。如此，监护人知情同意权的保护必将成为“中看不中用”的花架子。例如，抖音平台的注册与登录界面均向用户提供了“用户协议”以及“隐私政策”，并且也提到如若用户未满18周岁，需要在法定监护人陪同下仔细阅读并充分理解本协议，并征得法定监护人同意后再使用软件。但实测可知，是否阅读文件与是否可享受服务并无必然性关联，用户可一键勾选实现概括同意，并顺利进入平台，即使是未成年人作出的同意亦是如此。抖音平台的目的仅是规避法律责任，以在形式上完成对监护人知情同意权的保障为行为终点。与我国不同，欧盟、美国等地区与国家对监护人知情同意权则进行了规则化。欧盟地区GDPR第8条第2款要求信息收集者应在现有技术水平条件下对同意者的身份作出验证，且需要对此项验证作出“合理努力”。美国的COPPA则规定了“可验证的同意”规则，即要求信息收集者在收集儿童个人信息前应履行如下步骤的义务：（1）充分告知；（2）直接通知父母；（3）取得可验证的父母同意；（4）建立和维护合理程序；（5）提供合理的审阅方式。

另外，我国监护人知情同意权的实践困境还体现在其并未关注到我国《民法典》所规定的多元监护立法模式。根据《民法典》的规定，民法中的监护人既包括自然人，也包括组织体。自然人则包括父母、祖父母、外祖父母、兄、姐等，组织体则包括愿意担任监护人的其他组织、居委会、村委会、法律规定的有关组织或民政部门等。我国法律只是笼统规定需要取得监护人的知情同意，而未关注到父母知情同意、其他自然人知情同意与组织体知情同意的流程与认证规则之不同。尤其是父母以外的其他监护人必须提供法定的证据来证明其是儿童的法定监护人。此外，与亲权父母监护相比，其他监护模式均属于松散型的监护模式，即很难像父母那样关注到儿童日常的网络使用行为与信息保护情况。因而，监护人知情同意权的落实难点不只在于父母知情同意的验证，更在于其他类别监护人知情同意的验证。

其二，监护人知情同意"临界年龄问题"。否定论者以统一年龄标准过于僵化、统一年龄标准规定不一等为由，否定监护人知情同意权的存在合理性。本书亦针对性地从法的规约性与确定性、民事法理中同意能力与行为能力区分，以及国内法与国际法的关系等视角对此批判意见进行反批判。儿童个人信息保护中的年龄标准主要规范的是儿童、家长及网络运营者的处理信息的行为，即达到某一年龄时，儿童（信息权人）得以拥有独立处理其信息的能力，家长则无权限制其行使处理信息的权利，网络运营者对儿童的特别注意义务也相应免除。[①]但是，不可否认，在监护人知情同意权实践领域确实会存在"临界年龄问题"，即对统一年龄标准上下相隔几天的人员，如何认定两者在同意能力上具有差别是重要难题。而出现此种现象的本质原因是，"一般命题并不决定个案裁决，用统一的数字来界定成年标准并不利于实现个案正义。用数字化的年龄来界定成年实际是通过一种'决断'的方式人为地设定标准，这种法律上的推定并不一定符合个案中的特殊情形"。[②]据此，我们须思考如何在保持监护人知情同意权之统一年龄标准的前提下，灵活地设置补充性规范以允许司法机关

① 殷峻．网络时代儿童个人信息的法律保护——基于美国和欧盟立法的比较研究［J］．学术研究，2018（11）：75.

② 王彬．成年年龄的法律拟制［J］．学术交流，2016（12）：74.

结合儿童的心智水平、个人信息的处理目的及风险等因素综合判断其给出同意的效力。

其三，知情环节的形式化告知与权利失衡问题。监护人知情同意中的同意决定的基础应是信息收集者的实质化告知，只有监护人在充分知情、高度自主的基础上作出的同意决定才能被视为“自由的、真实的、可被确认的”。[①]知情同意的第一要义是信息收集者充分履行了告知义务，监护人对于信息收集者的告知保持持续、准确的知情，如若知情环节演变为形式化的程式操作，则同意决定的真实性与有效性必将荡然无存。目前，几乎所有的信息收集者都采用格式化的告知条款，并将大量的免责条款包裹于格式条款中，以近乎强制用户接受的方式提供给儿童监护人，这导致儿童监护人丧失“商谈”空间，只能选择接受格式化的告知。然而，“当一方拥有全部信息权力时，极易产生具有胁迫性、不合情理的格式合同，这将过分偏重告知义务在形式上的履行（即强调意思表示的发生），从而忽视意思表示应达到的效果。这样一种‘走过场’的告知无疑是赋予了信息业者完全规避法律监管的特权”。[②]信息收集者基于逐利心理，期望快速取得用户同意，展示的隐私政策内容要么用语过于晦涩难懂、长篇大论，要么遮盖重点内容、设置各种误导性链接。[③]在此境地下，不具备法学专业以及信息技术专业知识的儿童监护人必将缺乏主动阅读隐私政策内容的动力。即便部分儿童监护人阅读了隐私服务政策内容，也往往缺乏足够的专业知识来充分评估同意某些现有用途或披露其数据的后果，这导致儿童监护人在信息保护领域长期处于“告而不知，知而不

---

① 傅宏宇．论网络环境下未成年人的个人信息保护［J］．首都师范大学学报（社会科学版），2019（4）：55.

② 张新宝．个人信息收集：告知同意原则适用的限制［J］．比较法研究，2019（6）：15.

③ 郑佳宁．知情同意原则在信息采集中的适用与规则构建［J］．东方法学，2020（2）：200.

懂”的窘困局面。此外，实践中“不乏大量手机App等互联网应用虽然在个人信息或者隐私条款中详细罗列了其要收集的个人信息的范围、用途等需要用户予以同意的具体内容，但是其实际收集、上传、存储、使用的个人信息及其用途却与同意条款中的情形并不符合。用户在具有极大技术劣势的情况下，对于这样一种欺诈行为可以说是毫无招架之力”。[①]

其四，同意环节识别标准缺失与同意非理性问题。一方面，身份识别标准缺失。网络具有虚拟性，用户资料均由用户自主设置，填写虚假年龄的情况屡见不鲜。然而，如果不能准确核验同意主体的年龄与身份，监护人知情同意权将形同虚设。因为儿童可能会通过虚报年龄的手段避免征得监护人的同意，或者冒充其监护人同意，甚至许多监护人也会帮助他们的被监护人撒谎。虽然国家早已出台规范性文件要求信息收集者识别用户身份，并要求采用指纹等新兴生物信息技术落实账户实名制，但是各个不同的行业有不同程度的要求。《常见类型移动互联网应用程序必要个人信息范围规定》规定，电子图书类应用程序的基本功能是“电子图书搜索、阅读”，使用此基本功能无须用户提供个人信息。这说明在数字化阅读服务领域，国家不仅不要求，甚至禁止网络服务提供者向用户获取其个人信息。如若超出必要范围要求用户提供个人信息，甚至会因为行为不合规而受到惩罚。受此政策驱动，以及商业利益优势，那些本已经没有足够动力费时费力提供儿童个人信息专门化保护的信息收集者更是可以国家政策要求的存在为由光明正大地避免履行监护人知情同意权的贯彻义务，这导致“隐私政策等文件规定了未成年人保护的内容，但网络运营者往往被动依赖于用户主动提供的注册信息来识别其年龄，后续使用过程中也

① 张新宝．个人信息收集：告知同意原则适用的限制［J］．比较法研究，2019（6）：15.

不会采用其他手段来验证用户的真实年龄，使得针对未成年人的身份识别机制形同虚设”，[①]进而使得儿童个人信息保护领域中监护人知情同意权成为一种悬空的“法律宣示”，而非具有真实效用的实操规则。

另一方面是同意非理性问题。理查德·塞勒和卡斯·桑斯坦认为很多人在作出最符合自己利益的选择或者至少比别人作出的选择更好的假设都是错误的，[②]“当人们感到掌控局面时，他们更愿意承担风险，并认为这些风险不那么严重”。[③]作为信息主体的儿童监护人在作出同意决定时由于法学与信息技术专业知识匮乏会出现认知局限与行为偏差问题。信息风险是持续的、积累性的，随着时间推移损害可能发生在任何一个未来的时间节点，这些都是信息主体及其监护人在作出决定时所不能预见的。[④]此外，信息收集者本身也没有办法完全掌控信息经自动化算法处理后可能带来的后续风险，因为信息处理行为都是在人工智能的算法“黑箱”中进行，其极高的运算速度和复杂的程序设计无疑加剧了结果的不可预料性。[⑤]因此，在信息保护领域自然人具有绝对理性这一假定本身便是错误的。具体到儿童信息保护领域，监护人自我认定的“理性设定”会使其盲目自信地认为其足以掌控儿童个人信息被收集后所可能出现的信息安全风险，进而草率地作出同意他人收集、使用、存储、对外提供儿童个人信息的决定，致使儿童个人信息权益面临受侵害的风险。

为化解以上问题，应先确立如下思维。一方面，确立儿童保护主

---

① 蔡一博，吴涛. 未成年人个人信息保护的困境与制度应对——以“替代决定”的监护人同意机制完善为视角 [J]. 中国青年社会科学，2021（2）：127.

② SOLOVE D J.Introduction：Privacy Self-Management and the Consent Dilemma [J]. Harvard Law Review，2013（7）：1887.

③ SOLOVE D J.Introduction：Privacy Self-Management and the Consent Dilemma [J]. Harvard Law Review，2013（7）：1887.

④ 吴泓. 信赖理念下的个人信息使用与保护 [J]. 华东政法大学学报，2018（1）：28.

⑤ 郑佳宁. 知情同意原则在信息采集中的适用与规则构建 [J]. 东方法学，2020（2）：200.

义优先的底层思维。在儿童个人信息保护领域中存在两组冲突，即儿童信息保护主义与儿童信息利用主义的冲突，以及儿童赋权主义与儿童保护主义的冲突：其一，信息的保护与利用堪称是数字经济时代的公平与效率之争。[①]倡导对儿童个人信息进行保护的学者常会选择将信息保护置于信息利用之上，认为经济效益应处于次要考察地位。而倡导对儿童信息进行利用的学者则常会作出与之相反的判断，常以有效利用大数据资源为名推翻原本存在的信息保护之基础性法律规则，以求为数字经济产业的发展，或者所谓的数字技术的创新解锁松绑。持中立立场的学者则认为“政府应当在儿童网络隐私和促进经济发展之间进行平衡，只有当造成明显伤害或信息验证确实无效时，政府才能进行干预，推测的和假想的伤害并不能推动网络法治的发展”。[②]

对此，本书认为数字经济时代对数据资源的充分挖掘利用固然重要，但与个人人格尊严相关的信息之保护更为重要，不能因要发展数字经济而放弃对于个人人格尊严相关的信息提供保护，否则个人将在数字经济的建设洪流中处于“裸奔”状态。因为掌握数据资源的网络服务提供者可以随时随地、随心所欲地依靠云计算等新型运算技术生产与现实世界中的个体相互对应的“数字孪生”，并且可以通过持续、不间断地获取新的数据使“数字孪生”骨肉丰盈，进而准确把握现实世界中个体的身份、特征与喜好。长此以往，个体将成为资本与权利愚弄的对象，资本会争相向个体推送“精准的商业广告”，并进行无异于诈骗的“大数据杀熟”。本书认为即便在成人个人信息保护领域尚不能轻谈经济效益优于个人信息的保护，更毋论在儿童个人信息保护领域承认此论题的合理性。

① 张平．大数据时代个人信息保护的立法选择［J］．北京大学学报（哲学社会科学版），2017（3）：143.

② ADAM THIERER.The Pursuit of Privacy in a World Where Information Control is Failing［J］．Harvard Journal of Law & Public Policy，2013（36）：2.

其二，儿童赋权主义与儿童保护主义之争。此组争议长期存在于儿童保护的各个领域，其中，前者要求尽可能多地赋予儿童自主决定权利，而后者则主张父母或者其他监护人应积极介入儿童的生活，以尽可能地实现对儿童利益的最大化保护。如众多学者所批判的那样，儿童保护主义存在难以克服的内生悖论，即我们无法证成父母或其他监护人与儿童的利益始终如同立法预设般一致。甚至，实践表明在很多情境下父母或者其他监护人与儿童的利益诉求相互冲突。即便如此，作为一种理念，儿童权利保护主义也获得了多数学者的坚定支持。对此，本书认为针对不满14周岁的儿童而言，监护人保护比赋权儿童自主行动的意义更大，但应要求监护人所实施的保护行为以儿童利益最大化为基本方向。《儿童权利公约》规定关于儿童的一切行动，不论是由公私社会福利机构、法院、行政当局或者立法机构进行，均应以儿童的最大利益为首要考虑。《中华人民共和国未成年人保护法》亦规定，保护未成年人的工作应当遵循尊重未成年人人格尊严原则以及适应未成年人身心发展的规律和特点原则。以儿童利益最大保护为中心原则属于一种基本的理念指导，该原则既是法律架构保护儿童个人信息权利的指引原则，也是网络平台收集、处理儿童个人信息以及监护人分享儿童个人信息时需要遵循的基本原则。目前，即便是主张根据年龄段分段提供保护的学者也不否认应对儿童个人信息采取“替代决定”的监护人同意模式，即在儿童个人信息保护领域否定儿童的行为能力，以儿童最大利益为依据由其监护人作出“替代决定”，尽管该决定可能违背儿童本人的意愿。[①]其实，从现有立法文件看，立法者将监护人知情同意权的年龄限制在14周岁以下，这个年龄标准相较于《民法典》的成年标准较低。之所以如此，是因为若

① 李霞. 协助决定取代成年监护替代决定——兼论民法典婚姻家庭编监护与协助的增设［J］. 法学研究，2019（1）：100-118.

是监护人被授予过大的同意权力，儿童同意的空间就会受到挤压，监护人同意机制反而成为限制儿童信息自由的法律规则。因此，监护人知情同意权的规则化建构不能脱离《民法典》监护制度的基本框架，应将“儿童最大利益原则以及儿童自主原则作为未成年人监护的基本理念”。[①]

另外，构建自然人与组织体监护人知情同意双元规则。与社会学相似，法律学科也是系统性工程，各部门法间与相同部门法内的不同制度间要保持体系协调。《民法典》对监护人制度作了多元化的规定，明确自然人与组织体等两种监护人主体类型，那么，监护人知情同意权的建构也同样应确立自然人与组织体监护人的双元规则模式。在监护人知情同意权规则化的过程中，应以自然人监护人作为监护人知情同意权研究的基础形态，将组织体监护人作为监护人知情同意权研究的补充形态。此外，在组织体监护人知情同意权研究域内，重点研究对象应是作为监护人的“组织体”范围，如何验证“组织体”即为儿童的监护人以及如何确保“组织体”对儿童日常网络行为的监护、监管，如何对儿童个人信息开展监护性保护。总之，必须打破学界与实务界仅关注父母知情同意这一错误倾向，将父母外其他自然人与组织体监护人作为监护人知情同意权的研究对象，并明确此项研究的重要性。

明确问题与重塑理念后，本书认为应面向数字时代重塑监护人知情同意权。其一，应确定行权边界：统一的年龄标准与例外性同意力补足规范。《民法典》虽规定处理个人信息时需要征得监护人同意，但并没有对征得监护人同意的统一年龄标准进行明确。因此，对此问题的解释需要结合《个人信息保护法》等法律、行政法规的规定。《个人信息保护法》规定，“个人信息收集者处理不满十四周岁未成年

① 夏吟兰. 民法典未成年人监护立法体例辩思［J］. 法学家，2018（4）：1.

人个人信息的，应当取得未成年人的父母或者其他监护人的同意”。《儿童个人信息网络保护规定》规定，“本规定所称儿童，是指不满十四周岁的未成年人”。显然，我国法律中监护人行使监护人知情同意权的年龄边界是14周岁。这一年龄标准的设置具有合理性，不仅与国外立法趋势相符（GDPR是16周岁，COPPA是13周岁），而且有民法中同意能力与行为能力区分理论作为理论支撑。[①]

对如何解决监护人知情同意权领域存在的“临界年龄”问题，有论者认为应根据《儿童权利公约》第12条的规定，[②]对儿童进行个性化评估，并将儿童数字年龄细分为4个区间，即学龄前8周岁、过渡期14周岁、青少年初期16周岁以及18周岁阶段。[③]此观点值得商榷，本书认为只要是法律设置统一年龄标准的场域均会存在“临界年龄”问题，即便是细分年龄亦不能解决这一问题。其实，为解决“临界年龄”问题，民法与刑法领域的学者提出了不少建设性的设想。民法领域针对监护人知情同意权的“临界年龄”问题，欧盟国家提出“成熟年龄”规则。欧盟在GDPR发布后，第29条工作组建议，当儿童成熟到自己可以作出决定时，处理儿童数据的网络运营者需要获得儿童本人的同意。[④]刑法中也有相应的理论。比如，刑法学者在未成年人刑事责任年龄领域所提出的“恶意年龄补足”理论，即“法律原本推定某一年龄段内的未成年人不具备刑事责任能力，但如果能有证据证明未成年人存在‘恶意’，即该未成年人对自己的行为具备相当程度的辨认和控制能力，就可以认定其具有刑事责任能力。”[⑤]

---

① 冯恺. 个人信息处理中“儿童同意”的年龄标准［J］. 暨南学报（哲学社会科学版），2021（8）：93.

② 《儿童权利公约》第12条规定：“缔约国应确保有主见能力的儿童有权对影响到其本人的一切事项自由发表自己的意见，对儿童的意见应按照其年龄和成熟程度给予适当的看待。”

③ 高奇，刘庆帅. 场景完整性理论在儿童数据保护监管中的应用——以英国《适龄准则》和美国COPPA为例［J］. 中国青年社会科学，2021（4）：139.

④ 作者根据相关资料整理。

⑤ 马荣春，高坤龙. 恶意补足年龄规则的起源、发展与中国化实践［J］. 青少年犯罪问题，2021（5）：45.

通过对前述规则进行分析不难发现，这些规则的本质无外乎是统一的年龄标准与例外性同意力补足规范相结合的产物，亦即同时追求法律的稳定性与法律的灵活性。本书亦认为，我国立法者在监护人知情同意权规则化的过程中应增设浮动性标准作为补充性规定。明确不存在特殊情形时，监护人知情同意权行使的年龄边界是14周岁，但一旦通过对儿童的心智发育情况进行个性化评估后，得出儿童在数据处理场景下具备相应的同意能力时，则应相应限制监护人知情同意权的行使，改由儿童自主决定是否将自己的数据交由信息收集者使用，以及如何使用。除非有证据证明儿童作出相应决定会对其权益造成重大损害外，儿童监护人不得以监护人知情同意权的存在剥夺儿童的自主决定权。同时，本书亦认为即便法律上可例外性地承认低于统一年龄标准的儿童在一定情形下可以对个人数据作出自主同意，但是此种例外性规定亦应有底线。当低于一定年龄时不应允许进行例外性的推定，应将知情同意权全部交由监护人替代行使。这种既允许进行例外性规定，又限缩例外性规定存在范围的做法有国外立法例作为借鉴。比如，美国各州对未成年人“低龄”高低判断标准的规定参差不齐，但相同的原则底线是不满7周岁的未成年人无论如何都不会因其恶意而致使年龄被补足。[①]

海伦·尼森鲍姆提出的场景完整性理论提出要抛弃单一要素为隐私的完整定义，转向一种基于场景的个性化规范框架。[②]因此，在判断儿童是否有权例外性地自主作出知情同意时，也需要结合信息收集者所处理的信息的规模、方式以及风险高低等具体场景进行综合判断。通常来说，数据处理规模越大，数据处理风险越高，儿童自主作

---

① 陈伟，黄鑫．“恶意补足年龄”规则本土化适用探究［J］．行政与法，2021（11）：107.

② 倪蕴帷．隐私权在美国法中的理论演进与概念重构——基于情境脉络完整性理论的分析及其对中国法的启示［J］．政治与法律，2019（10）：149-161.

出知情同意的空间就越小。数据处理的方式只是内部使用时，数据处理风险较小，儿童自主作出知情同意的空间较大，而一旦数据处理涉及数据交换，则数据处理风险较高，儿童自主作出知情同意的空间较小。同时，数据风险高低的判断也需要考虑实际损害后果的严重程度，如敏感信息（特定疾病、药品滥用、酗酒等）引发的后果较之更为严重。[①]当然，本书虽提倡设置例外性同意力补足规则，但亦知晓在实践中不可能要求信息收集者一事一例地进行认定。因此，此种例外性同意力补足规则更多的意义是作为行为指引规则引导儿童监护人妥善地实施监护行为，以及引导公权机关在解决涉儿童信息安全争议时作为指引性裁判规则。

其二，应细化自然人监护人知情同意规则。知情环节：实质告知与持续披露、友好交互与多版本模式。在整体保护主义（包括个人信息保护主义与儿童权利保护主义）的立场下，知情环节应满足如下要求：信息收集者应合乎规范地履行实质告知与持续披露义务。监护人知情同意权的有效贯彻依赖信息收集者在履行告知义务时所作的实质性告知。张新宝教授曾根据私密程度对个人信息进行了划分，将之划分为一般个人信息、需要用户作出一般考量的个人信息、需要用户作出特别考量的个人信息、默示收集的个人信息。[②]此种将个人信息进行分级分类并要求信息收集者承担不同类型告知义务的理论设想具有积极的教义学价值，可以将信息收集者告知义务的履行置于清晰的层级框架。根据《信息安全技术—个人信息安全规范》的规定，不满14周岁的儿童个人信息都是“个人敏感信息”，因此，属于需要用户作出特别考量的个人信息。因此，信息收集者欲收集此类信息时需要

① 谢琳. 大数据时代个人信息使用的合法利益豁免［J］. 政法论坛，2019（1）：74-84.

② 张新宝. 个人信息收集：告知同意原则适用的限制［J］. 比较法研究，2019（6）：1-20.

承担最高级别的告知义务。然而，实践中各类手机App在收集儿童个人信息时只是对外展示格式化的合同文本，此种告知“仅仅是形式，而如果肯认这样一种‘走过场’的告知可以产生完全的抗辩效力，就无疑是赋予了信息业者完全规避法律监管的特权，这显然不是立法的本意”。①

本书设想在儿童个人信息保护领域要想保证实质告知，需要对现有的告知形式进行些许调整：（1）需要增加弹窗等即时性、强制性告知方式，弹窗内容应包括信息收集的范围与应用目的，以及信息隐私条款变动的内容等，尽可能保证可以一目了然。值得欣慰的是，近期有手机App服务商开始践行本种理念，当隐私条款发生变动时会以弹窗的形式告知用户隐私条款发生变动，并提醒查看。本书认为儿童个人信息保护领域可以在此基础上更进一步，当隐私条款发生变更时，应以醒目的方式、简洁的内容直接推送至App使用界面，只有当用户输入手机号码甚至身份证号码等足以验证同意者是成人的情况下才可继续为其提供服务。（2）涉及收集儿童个人信息的App应具有开启具体业务功能的单独告知。以数字化阅读平台为例，该类平台通常具有多种功能，使用该平台将会遵循同一份格式隐私政策，在用户使用某些具体的业务时，平台应针对所使用的业务提供单独、详细的告知。此时，具体业务功能的个人信息处理也须遵循整体隐私政策。除实质告知外，持续披露也是监护人知情同意权顺利落实的重要保障。网络技术的发展为持续披露提供了平台，有效地连接了信息收集者与信息主体，实现隐私服务协议的持续披露与儿童监护人的动态同意。

从知情环节的“传达—接受”双侧面分别考量以实现传达方与接受方的友好交互。信息收集者所提供的隐私协议多内容冗长、重点不

① 张新宝．个人信息收集：告知同意原则适用的限制［J］．比较法研究，2019（6）：15.

突出、专业词汇过多、词语含义模糊、内容修改频繁。这些问题的存在多少都会影响儿童监护人对隐私协议条款的理解。[①]因此，从传达方侧面看，我们有必要要求信息收集者提供繁简两个版本的隐私服务协议，繁琐版本的隐私服务协议阅读受众是掌握专业知识的用户或者其监护人、执法部门工作人员、律师等第三方工作人员，而简化版本的隐私服务协议阅读受众是不掌握专业知识的普通民众，简化版的隐私服务协议应保障儿童监护人及时明确信息被收集、使用、处理的情况。此外，考虑到目前我国仍拥有文化水平不同的互联网用户的客观事实，信息服务收集者在提供文字版隐私服务协议的同时，还应该对外提供语音版、视频版等不同版本的隐私服务协议。只是不论版本、方式如何，均应保障相关信息的简单易懂、重点明确。在信息接受方侧面，我们应该着力培养儿童本人及其监护人的信息风险抵抗能力。比如，通过多途径宣传的方式向普通民众普及信息安全法律规范以及信息隐私服务协议的重要性，告知其及时阅读、仔细阅读隐私服务协议的必要性，以提高儿童监护人的个人信息保护意识，减少儿童个人信息受到侵犯的可能性。

总之，信息收集者应自觉、主动地修正隐私服务协议可读性弱，阅读者阅读负担重的问题，保障隐私服务协议的“易得”“易读”“简明”“规范”“同步”的要求，实现用户与隐私政策、服务协议的友好交互。日前，有论者对多版本告知模式提出否定意见，认为“隐私政策的真正读者群，是潜在的执法者、公益诉讼提起人、第三方评价机构。权力势差的治理，终究要依靠引入弱势者的利益同盟方，借用政府、法院、律师、评估机构等外部力量抗衡优势者。故司法者、执法者、法律服务者、同业竞争者是站在用户身后的真正读者。对上述专业人士而言，重要的是文本的专业性、文本是不是有合同拘束力，至

① 李伟，蒋文杰. 隐私协议用户知情同意的认定［J］. 中国检察官，2021（2）：9.

于界面友好性则无关紧要”。[①]此种理解，明显是对知情同意权，以及监护人知情同意权的误读。若坚持此立场，则相当于变相地剥夺了信息主体及其监护人的知情权与有效同意权。因此，此种观点本书不采用。

信息收集者应设置同意环节：官方集约化认证与动态化撤回机制。第一，官方集约化认证。监护人知情同意权是儿童信息安全的保护墙，如若不能验证作出同意者的真实年龄，以及真实身份，监护人知情同意权事实上则处于虚置的地位。目前，域外与我国多是交由信息收集者自己承担同意者身份验证工作。比如，GDPR 第 8 条第 2 款要求信息收集者在现有技术水平下对同意者身份进行“合理努力”验证。COPPA 则是提出信息收集者需要在收集儿童个人信息前取得“可验证的父母同意”。美国联邦委员会（FTC）列举了几种典型的“可验证的父母同意”，比如，提供一份可以由家长打印、填写、签名并邮寄、传真或扫描发回电子邮件的表格；要求父母使用信用卡或者类似的与货币交易相关的支付方式等。[②]我国虽没有明确要求信息收集者验证同意的具体方式，但在实务中自发地形成了信息收集者自主认证模式。例如，快手平台提供“儿童实名认证通知监护人”功能，在未成年人进行实名认证时，平台专门增加监护人授权环节。抖音平台提供“亲自守护服务协议”，允许监护人向抖音提供资料（包括但不限于合法的身份证明、监护人资格证明、抖音账号、联系方式等信息），由抖音平台认证后，可对未成年人账号采取限制措施。然而，我国自发生成的信息收集者自主认证模式形式化严重，根本不能实现对同意者身份的验证。以抖音平台为例，该平台虽每日会向用户推送是否开启青少年服务模式的提醒，但是同意者只需要一键点击“我知

① 林凯，张建肖．知情同意权的功能失灵与应对——兼评《数据安全管理办法（征求意见稿）》[J]．中国应用法学，2020（2）：168.

② 作者根据相关资料整理。

道了”即可顺利进入抖音平台的普通模式。

本书认为我国应继续强化对信息收集者同意者身份验证的要求。从验证监护人身份的视角看，游戏行业的做法值得借鉴。虽然游戏行业在2020年开始便紧锣密鼓地制定国家标准，以统一游戏行业未成年人监护系统技术要求，但国家标准尚处于草案征求意见阶段，游戏行业的通行做法还是由游戏公司自主认证监护人身份，并提供相应服务。完美世界、世纪天成、当乐网、蜗牛游戏等游戏服务平台均建立起了未成年人监护服务系统，在监护人向游戏服务平台提供可证明身份的各种信息后，游戏服务平台会向监护人提供被监护人账号信息，以及限制被监护人账号信息正常使用的服务。与其他平台的文字性描述不同，完美世界游戏平台向未成年人玩家监护人提供了清晰的家长申请监护认证流程示意图，将每一步的重点内容言简意赅地予以表述，此操作值得信息收集者在儿童信息收集、处理活动中验证监护人身份时予以借鉴。但坚持采用信息收集者自主认证的模式，信息收集者必将要求自然人监护人向其提供与人格、身份直接相关的敏感信息。如此一来，同意者身份验证便陷入到一种二律背反的状态。信息收集者的信息收集、处理活动需要坚持合法、正当与最小化必要原则，但是“如果需要提交儿童的户口簿或出生医学证明等信息，那么会造成信息收集者违反信息收集的密切关联和最小必要性原则，导致过度地获取儿童及其监护人的个人信息，甚至是敏感信息”。[①]因而，在监护人同意环节讨论如何验证同意者身份时，有必要将如何平衡监护人信息保护与同意者身份认证之间的关系问题作为重点关注的内容。

对此，可考虑引入可信赖的第三方验证机制。《信息技术网络游

① 孙益武．儿童个人信息保护是伪命题还是真难题——兼评《儿童个人信息网络保护规定》[J]．青少年犯罪问题，2020（2）：95.

戏未成年人监护系统技术要求》从术语界定、技术架构、用户注册、监护查询等多角度对网络游戏未成年人监护系统进行整体性规定。本书支持引入可信赖官方集约化认证模式替代信息收集者自主认定模式。具体来说，我国可由公安部门主导，网络监管部门参与，在原公安身份验证系统基础上增加监护关系身份标签功能，以构建“未成年人身份识别验证平台”，实现在可信赖的第三方端口与数据库对监护关系真实性的一键查询。如此，监护人知情同意权领域监护者身份认证就如同网吧管理一样，具体的信息收集者本身不获取与处理体现监护者与被监护者关系的各种信息，仅是通过公安部门提供的验证端口与验证技术对监护者身份进行认证。验证途径的单一性不影响验证手段的多元化，信息收集者可根据技术条件通过人脸识别、指纹识别等新型身份识别技术，对同意者身份进行认证识别。我国公民在公安系统办理身份证件时均被要求预留指纹与人像信息，因此，通过人脸与指纹等方式验证父母脸部特征来实现对同意者身份的认证已具备现实性基础。

第二，动态化撤回。撤回权原本就是同意权的题中之义，以撤回权为信息主体预留出口，意义重大。此种同意撤回权不应受到任何形式的限制。目前来看，信息收集者所提供的同意方式多为概括同意，不存在具体同意选项，即要求用户在接受信息收集者提供的相关信息前需要对信息收集、使用、处理等事项做出“一揽子”的授权同意。实证研究也已经表明此种概括同意模式是信息收集者用以架空监护人知情同意权的重要工具。本书认为保障监护人的同意权，必须明确监护人对儿童个人信息所作出的同意应是具体的、有针对性的，信息收集者应在监护人作出同意决定前对所收集信息的类型、内容、使用目的等进行详细说明。然而，具体的同意只是监护人知情同意权有效落实的基础，要保证监护人的同意权利，我们仍需要强调可撤回同意制度建设的重要性，即明确“从整齐划一的同意向分层的同意转变，从一次性同意向可更新的动态同意转变”的重要性。[①]可撤回同意机制的建构是对监护人同意环节非理性问题的回应。不存在绝对理性的同意个体，非理性同意个体面对信息收集者所使用的智能化算法黑箱时难以预测其同意结果，因为信息风险是持续的、积累性的，随着时间推移损害可能会发生在任何一个未来的时间节点，这些都是监护人在作出决定时所不能预见的。[②]因此，同意撤回权是赋予非理性监护人的一次修正机会，是监护人对儿童个人信息使用全过程中的处分权利。[③]正如有学者所言，传统的知情同意模型存在一个致命的问题，即其仅允许个人信息主体在信息收集的阶段作出同意表示。[④]然而，在信息收集的初始阶段，个人主体往往难以清晰理解其决定可能对未来造成的影响。比如，给予同意的授权之后，用户会经常受到商家频繁的商业广告的滋扰，甚至被商家利用信息主体提供的个人信息进行大数据杀熟。此时，个人信息主体可以行使自己的同意撤回权，要求其暂停处理行为。[⑤]事实上，可撤回同意机制的重要性已然受到立法者的关注，在《儿童个人信息网络保护规定》中即对应性地设置了“删除权”，明确除未经授权收集、处理信息等事项外，当监护人撤回同意等情形时，网络运营者应及时有效删除未成年人的个人信息。“考虑到未成年人身心发展的特点，这样的制度设计在未成年人保护领域尤为重要，直接决定了特定信息的生命周期是否能够被

---

① 田野．大数据时代知情同意原则的困境与出路——以生物资料库的个人信息保护为例［J］．法制与社会发展（双月刊），2018（6）：130.

② 吴泓．信赖理念下的个人信息使用与保护［J］．华东政法大学学报，2018（1）：28.

③ 万方．个人信息处理中的“同意”与“同意撤回”［J］．中国法学，2021（1）：174.

④ SEE DANIEL J. Solove，Introduction：Privacy Self-management and the Consent Dilemma［J］．Harvard Law Review，2013（126）：1880；893.

⑤ 万方．个人信息处理中的“同意”与“同意撤回”［J］．中国法学，2021（1）：174.

公民自决，避免未成年人个人信息的收集和处理有始无终。因此，在未成年人个人信息统合性立法中，应当统一设置撤回同意规则和删除权的规定。”[①]在动态化撤回机制下，信息收集者应同时承担持续告知义务，即只要信息收集、使用的目的出现变化便应及时、充分地告知信息主体及其监护人。

其三，应探索组织体监护人知情同意规则。既有监护人知情同意权的研究多以家庭健全为前提，以父母监护为模式预设而展开，但父母监护只是理想化的监护模式。社会上还有大量失去父母的孤儿。民政部的统计数据显示，至2019年1月，全国共有孤儿34.3万人，其中社会散居孤儿27.5万，儿童福利机构内集中养育孤儿6.8万人。[②]相关数据显示，2018年全国共有孤儿30.5万人。[③]统计数据间存在的差异，使本书合理怀疑在统计数据外仍存在着“孤儿黑数”。此外，社会上还存在大量父母健在，但由于患病、入狱或离家出走，而其他亲权监护人、组织体监护人未能承担起监护义务的“事实孤儿”。[④]“这种家庭的小孩，事实上无人抚养，但因不是法律意义上的‘孤儿’，又享受不到国家福利保障……他们的处境其实比留守儿童和孤儿更艰难，而且更容易被人忽视。”[⑤]

不可否认，当父母不能承担监护义务时，在“血亲”与“家族”观念支配下事实孤儿常可接受来自宗族的隔代监护或同辈监护。然而，隔代监护人会因年龄、文化与安全意识等方面的限制，难以正常履行监护责任。甚至，隔代监护人“在智能技术运用及数字信息获取

① 蔡一博，吴涛．未成年人个人信息保护的困境与制度应对——以“替代决定”的监护人同意机制完善为视角［J］．中国青年社会科学，2021（2）：133.

② 民政部．设立儿童福利司，全国范围收养登记实现零收费［EB/OL］．［2024-12-15］．https：//www.thepaper.cn/newsDetail_forward_2905190.

③ 国家统计局．2018年《中国儿童发展纲要（2011—2020年）》统计监测报告［EB/OL］．［2024-12-15］.http：//www.stats.gov.cn/tjsj/zxfb/201912/t20191206_1715751.html.

④ 张露．事实孤儿权益保障的现实困境与路径选择［J］．人民论坛·学术前沿，2018（15）：108.

⑤ 靖力，张哲，覃燕，等．事实孤儿：一个被遗忘的群体［J］．方圆，2017（18）：15-21.

和使用中处于弱势地位”，属于“数字弱势群体”，其本身的信息权益极易受到损害，且伴随智能技术广泛运用呈现出不同权益失衡样态。[①]同辈监护情形下，未成年人兄姐本身即需要受到监护，且须完成学业，客观上难以承担监护责任；成年兄姐又往往有自己的未成年子女需要抚养，且在广大中西部地区，成年劳动力会外出打工，事实孤儿又会成为留守孤儿，成年兄姐亦难以真实地担负起监护义务。若仅研究父母或者自然人监护人知情同意权的话，根本无从解决真实孤儿与“事实孤儿”的数据权益保护问题。据此，对组织体监护人知情同意权进行规则化探索便具有了现实意义。

组织体监护人知情同意权的有效运行离不开完善的组织体监护人制度。目前，即便监护制度历经《民法通则》《民法总则》《民法典》等数次修正，依旧存在诸多问题。组织体监护权由其他单位、居委会、村委会、民政部门共享，呈现出“大家都管，大家都没有管”的松散监护局面。[②]有论者提出为解决组织体监护人权利分散、责任不明的问题，应将组织体监护权全部交由社会福利机构承担，其他单位、居委会、村委会与民政部门一律不得担任监护人。[③]本书认为在我国社会福利制度发展到一定阶段前，不宜草率主张撤销《民法典》所规定的四种组织体担任监护权的资格，而是应谨慎地修正。

其一，不应取消“其他组织”担任监护人的资格，但在实操时应限制“其他组织”的范围。《民法总则》与《民法典》之所以会将《民法通则》的“关系密切的其他亲属、朋友愿意承担监护责任，经未成

---

① 宋保振.“数字弱势群体”信息权益保障的法律路径［J］. 东北师大学报（哲学社会科学版），2021（5）：91.

② 杨志超. 比较法视角下儿童保护强制报告制度特征探析［J］. 法律科学（西北政法大学学报），2017（1）：159-168.

③ 李云波.“单位”在监护制度中的角色转变［J］. 青少年犯罪问题，2015（5）：11.

年人的父、母的所在单位或者未成年人住所地的居民委员会、村民委员会同意的”，修改为“其他愿意担任监护人的个人或者组织，但是须经未成年人住所地的居民委员会、村民委员会或者民政部门同意”是想充分利用社会组织的介入缓解国家监护的压力。但是监护与其他的民事管理行为不同，需要代理被监护人实施法律行为，对未成年被监护人的侵权行为承担责任。因此，其需要具有良好的社会信誉，有一定的财产和工作人员，而且应该是专门从事社会福利事业的组织。同时，本书认为应撤销“居委会”“村委会”在“其他组织”担任监护人时的资格批准权，因为除极个别地区“两委会”成员文化素养较高外，有些地区“两委会”成员文化素养较低，没有办法很好地甄别相关组织是否能承担起监护权。因此，此项权利应仅由民政部门来具体负责，而“居委会”“村委会”只能起到信息、文件上传下达的作用。

其二，不应取消居委会和村委会（以下简称“两委”）担任监护人的资格。有论者认为“两委”担任监护人的做法是计划经济时代的产物，“在市场经济条件下，有些村民委员会形同虚设，‘两委会’的成员一非专职，二无报酬，根本不具备对未成年人的监护条件”。[①]但是此种批评与现实不符，“两委会”在社区维稳、脱贫攻坚等方面扮演着重要的角色，“对实现社会治理的现代转型具有现代民主制度建构的重要意义”。[②]同时，从地缘上看，“两委会”是距离孤儿与事实孤儿最近的基层组织，能更好地把握与了解其真实情况，且便于开展日常监护工作。当然，“两委会”与民政部门相比，经费、人员等方面配置存在不充裕的情形，可能会影响“两委会”履行监护职责。因此，有关人员在解读《民法典》“两委会”监护职责条款时，提出“法律对履行监护人职责的能力是有很高要求的，因此，如果出现没

① 尹志强．未成年人监护制度中的监护人范围及监护类型［J］．华东政法大学学报，2016（5）：29.

② 周庆智．基层社会自治与社会治理现代转型［J］．政治学研究，2016（4）：70.

有依法具有监护资格的人的情况，还是首先考虑由民政部门担任监护人，如果民政部门认为被监护人住所地的居民委员会、村民委员会具备履行监护职责条件，该居民委员会、村民委员会也认为自己有能力履行监护职责，则可以担任监护人”。[①]此种理解具有合理性。须明确，本书虽不建议取消“两委会”担任监护人的资格，但是却认为应取消“两委会”的监护批准权、监护指定权（与取消监护批准权的理由相同），仅保留撤销监护请求权、担任监护人的资格权以及赋予应承担的监护责任。

其三，民政部门不宜直接担任监护人，而是应由民政部门开设的儿童福利机构担任监护人，并承担监护责任。理由有二：一是由民政部门直接担任监护人，则将会导致无人监督的后果；二是民政部门事实上也并未履行监护责任，而是根据《儿童福利机构管理办法》的由儿童福利机构负责收留抚养由民政部门担任监护人的未满18周岁儿童的机构，以及事实上承担监护人责任。当然，“民政部门”直接担任监护人，并不妨碍其对未成年人承担临时监护的职责，以及准许行使批准监护和指定监护权。组织体在监护制度中的应用角色见表6-1。

表6-1　**组织体在监护制度中的应用角色（√代表有，×代表无）**

组织体类型	组织体角色				
	监护批准权	监护指定权	撤销监护请求权	担任监护人的资格	承担监护责任
其他组织	×	×	×	×	×
居、村委会	×	×	√	√	√
民政部门	√	√	√	×	×
社会福利机构	×	×	×	√	√

① 李健. 居民委员会、村民委员会作为基层群众性自治组织履行民法典确定的监护职责相关规定解读［J］. 中国民政，2020（14）：45.

应注意，自然人与组织体监护人知情同意权的行使规则在价值取向、年龄标准、知情环节等与监护人主体类型关联不大的场域中并无本质差异，两者主要的区别在于与监护人主体类型直接相关的同意环节。由两者的差异引申出的主要问题如下：组织体内部究竟何人有权作出同意？如何验证作出同意者是组织体赋权的人员？以及是否应考虑到组织体监护松散化的事实，要求所有信息收集者在收集、使用儿童数据时应统一采用“选择进入”模式？对这些问题，本书的意见如下：

其一，组织体监护人应明确专人、配置专款负责行使监护人知情同意权，但监护失职的责任应由组织体集体承担。根据组织体类型不同，可分为三种情形进行讨论：（1）其他组织应是信誉良好，有财力与人力履行监护职责的社会福利性组织，且该组织监护权的批准不应由“两委会”进行，而是由民政部门进行批准。在民政部门批准后，应派工作人员与该组织联合确定负责行使监护人知情同意权的专员，并核验该组织是否建立了儿童数据安全保护制度。（2）“两委会”担任监护人时应由委员担任被监护人个人数据保护专员。根据《中华人民共和国村民委员会组织法》的规定，村委会由主任、副主任和委员组成。村委会包括人民调解、治安保卫、公共卫生与计划生育等委员会（人口少的村可不设委员会，直接由委员负责相关工作）。因此，各村委会不妨选派本委员会中有丰富互联网使用经验、文化知识结构合理的年轻委员专门负责儿童数据安全保护工作，行使监护人知情同意权。居委会的人员配置与之同理。（3）民政部门的监护职责事实上由儿童福利机构在履行，因此，应由儿童福利机构选派专人负责儿童数据保护工作。《儿童福利机构管理办法》规定儿童福利机构应当考虑个体差异，组织专业人员进行评估，并制订个性化抚养方案。因此，本书提倡儿童福利机构在进行评估与制订个性化抚养方案时应将儿童数据安全作为评估要素。须注意，虽我们提倡在组织体内部设定专员负责行使监护人知情同意权，但为防止组织体将责任转移到其自然人成员身上，使组织体监护人知情同意异变为组织体内部自然人成员知情同意，当专员监护失职之时，组织体应为之承担责任。

其二，增加“数据标签”，消除“数据孤岛”，确保组织体监护人同意者身份的集约化认证。与自然人知情同意权的落实相似，为避免信息收集者过度索取个人数据，同时又能保证对监护人身份的准确认证，宜将能体现监护人与儿童之间关系的数据由可信赖的官方予以收集，并通过统一的“未成年人身份识别验证平台”进行认证，而任何信息收集者个人不得擅自向监护人收集相关数据。此工作的落实在组织体监护人领域有一定规范支撑。《儿童福利机构管理办法》规定，“儿童福利机构收留抚养本办法第九条规定的儿童，应当及时到当地公安机关申请办理户口登记”“儿童福利机构应当依托全国儿童福利信息管理系统，及时采集并录入儿童的基本情况及重要医疗、康复、教育等信息，并定期更新数据”。因此，在民政部门担任监护人的场合，儿童福利机构已经主动将相关监护数据登记到公安身份验证系统，因此，通过公安身份验证系统端口查询相关监护信息不是难事。同时，本书认为为消除“数据孤岛”，保证数据流通，减少儿童数据重复收集，全国儿童福利信息管理系统与公安机关身份验证系统应实行单向接入，即通过公安机关身份验证系统可一并查询录入到全国儿童福利管理系统的儿童数据，但本书不提倡两个数据库的双向接入，否则，将会增加不法人员通过全国儿童福利信息管理系统非法查询公安系统留存儿童数据的风险。同时，其他组织与“两委会”担任监护人的情形，也应由专人主动到公安机关进行信息录入，并预留监护人的人像与指纹信息。公安机关通过数据标签化技术靶定监护人与被监护人之间的关系，实现监护关系的公安身份验证系统一键查询。

其三，考虑到儿童数据都是敏感数据，以及组织体监护属于松散型监护的事实，应在基础服务所需数据外一律采用“选择进入”的同意模式。“选择退出”是指如若信息主体未作出相反的意思表示，则视为同意信息收集者收集、使用其个人信息。在此种机制下，虽表面看信息主体仍保有知情同意权，但却事实上削弱了信息主体对个人数据的控制权。甚至，在“不同意即退出”的既有模式下，信息主体没有与信息收集者进行商谈的空间，逼迫式、裹挟式同意阻碍用户行使数据自决权。由于此机制更易于使信息收集者获取利润，信息收集者对此机制有天然的偏好。或许在已满14周岁主体之数据保护领域采用此种“选择退出”的模式，利于数据的流通，能刺激信息收集者为换取用户数据而向用户提供更多增值服务。但如若考虑到使用网络的庞大群体中有众多的未成年，为保护此部分不满14周岁儿童的数据权益，便不再应选择“选择退出”机制。因为如果采用此种默示同意的方式，不满14周岁儿童很容易便会选择点击确认“我知道了”，以表示形式上的同意与隐瞒其并未满18周岁、需要用户的监护人进行知情同意的客观现实。本书认为既有的网络应用服务应在提供基础服务所需的数据外一律采取“选择进入”的同意模式，即用户主动通过肯定性的表示，选择参与行为信息的采集进程。在择入机制路径下，用户行为信息的采集前提是征求用户的许可，否则，采集的进行将欠缺合法性基础。[①]国家相关部门也已经划定了保障App基本功能服务正常所需的消费供给侧个人信息之范围。《常见类型移动互联网应用程序必要个人信息范围规定》对地图导航类、网络约车类、即时通信类、网络社区类、网络支付类、网上购物类、餐饮外卖类、邮件快件寄递类、交通票务类、婚恋相亲类等三十九种类型的App所能收取的

① 郑佳宁. 知情同意原则在信息采集中的适用与规则构建［J］. 东方法学，2020（2）：201.

最小信息进行了明确。因此，各网络应用服务提供者（即信息收集者）在提供应用服务时，不得因为用户不同意提供非必要个人信息而拒绝用户使用其基本功能服务，但可因用户不同意提供可验证身份的个人信息拒绝向用户提供可由已满14周岁主体使用的其他功能服务。

总之，为保证监护人知情同意权能被尊重与切实贯彻，在对监护人知情同意权进行实用化改造的同时，还需要考虑设置保障措施以处罚违反者。《儿童个人信息网络保护规定》虽明确了监护人知情同意权的重要性，但是却没有针对违反规则的主体设置具体的法律责任，而是笼统地规定追究其行政或刑事责任。本书认为此处应借鉴美国的COPPA和欧盟的GDPR针对违反规定的企业设置专门、具体的处罚规则。比如，违反GDPR关于父母同意的规定，相关企业可能招致高达全球年营业额2%或者1亿欧元的行政处罚，后果严重的还可能会被追究刑事责任。除负有告知义务的信息收集者外，监护人知情同意权对于监护人而言既是一种权利，也是基于儿童的监护权所衍生出的应尽义务。因而，对总是怠于履行监护者知情同意义务的监护人可以由人民法院施以排除妨碍、训诫等民事制裁。大数据时代的到来呼吁与之对应的法律制度的变革，但是法律制度的变革应以人权的保障为基础，不能以牺牲个人信息安全为代价换取短暂的数据经济、技术发展，否则，只会使日后的立法追赶陷入愈加滞后、被动的境地。①

基于以上研究，本书认为档案数字化建设时，也应对监护人知情同意权有正确认知，坚持信息保护与儿童保护的基础理念，从知情环节与同意环节全方位重塑数字档案App等相关数字技术收集、存储、处理或者传输儿童个人信息的规则。在知情同意环节应强调儿童档案

① 宁园. 个人信息保护中知情同意规则的坚守与修正［J］. 江西财经大学学报，2020（2）：124.

数据处理者的实质性告知义务以及保障监护人的充分知情权利，在同意环节克服同意主体识别标准缺失以及同意者非理性的问题建构可验证、可撤回的同意机制。同时，为克服既有研究忽视组织体监护人知情同意权的弊病，应对组织体监护人知情同意问题进行独立化研究。总之，包括档案部门在内的“网络治理机构应当加强数据周期中各利益相关者之间的共同协作与对话，积极听取儿童权利倡议者的意见和建议，不断寻求更好的儿童数据保护方案”。①

① 付新华. 大数据时代儿童数据法律保护的困境及其应对——兼评欧盟《一般数据保护条例》的相关规定［J］. 暨南学报（哲学社会科学版），2018（12）：93.

7

档案数字化时代的老年人数字鸿沟问题及克服

档案数字化建设是不可阻挡的潮流，在推进档案数字化建设进程的同时，还应关注到我国人口老龄化问题也在加速。截至 2022 年末，全国 60 周岁及以上老年人口达 28 004 万人，占总人口的 19.8%。[①]“人口结构迅速变‘老’，科技产品与信息平台不断更‘新’。”[②]“新”与“老”的冲击下，作为基础性公共服务设施，档案部门应在“银发社会”中履行好“文化养老”服务提供职责，做好适老包容服务工作，为老年用户提供安全、便捷的档案数据获取与应用平台。实际上，“根据用户的年龄、职业、经济状况”等因素来区别服务于社会各群体，关心弱势群体，开展个性化特殊服务，也是档案部门应承担的社会职责与维护社会和谐发展的需要。然而，目前很难说我国档案部门做好了包容老年用户的准备，甚至一定比例的老年用户“望数字兴叹”或因信息茧房陷入数字囚笼，形成不应存在的老年用户数字鸿沟问题。基于此，本章将档案数字化建设过程中的档案部门数字适老建设问题作为研究对象，并从立法适老、行业适老、技术适老、教育适老等角度提供针对性应对方案，以推动档案数字化建设与数字适老规则的和谐共进。

7.1 老年人数字鸿沟问题表现

“老年人不敢用、不会用、不善用高科技产品和服务，‘数字鸿沟’带来的阵痛历历在目。”[③]数字鸿沟是指数字信息的偏差、不对等产生的鸿沟。[④]老年数字鸿沟反映老年群体因面临诸多障碍而逐

---

① 国家统计局. 中华人民共和国 2022 年国民经济和社会发展统计公报［EB/OL］.［2024-12-25］. http：//finance.people.com.cn/n1/2023/0228/c1004-32633347.html.

② 游梦娜. 公共图书馆开展适老化服务的实践与启示——以中部六省省级公共图书馆为例［J］. 河南图书馆学刊，2022（9）：7.

③ 刘鹏程. 让“无障碍”成为适老标配［J］. 中国社会工作，2023（29）：1.

④ 饶权，麦肯齐，莱特纳，等. 弥合数字鸿沟 促进数字包容：信息社会中图书馆的新使命［J］. 图书馆杂志，2021（2）：4-19.

渐与数字社会脱节的现实。[①]在数字化技术推动档案事业向更先进、更智慧化方向发展的同时，传统社会中存在的老年人问题也在被变相地强化与异化，形成档案数字化建设中老年数字鸿沟问题。比如，数字沉默导致老年无声、信息茧房导致老年受控、数字排斥导致老年排斥等问题。“这些问题随着老年人的年龄增长、身体机能下降而愈发突出，如得不到妥善解决，势必影响老年群体的获得感、幸福感和安全感，甚至可能诱发社会不稳定因素。”[②]因此，随着元宇宙等数字化技术在档案领域的深度应用，从老年数字鸿沟问题表现及成因等角度探寻问题显得必要。本章将为提升“敏捷治理能力、防控数字化新型治理风险、完善数字适老化科学治理体系，推动算法与科技造福老年人”提供理论依据。老年人数字鸿沟具体表现（也可称为适老服务具体需求）可归结为三个主要层面：

一是克服“数字沉默”与“数字失能”。数字技术的应用利于打破时空壁垒，延伸档案部门服务的时间与空间范围。然而，此理论设想顺利落实的前提是基础设施完备、用户信息素养充足，两者缺一不可。现实中，作为数字弱势群体的老年人往往在未有充足准备情形下被强大数字洪流裹挟，被迫接受档案服务数字化的现实，而其本身却面临着“数字化心理缺失（如缺少动机、愿望、兴趣或态度等）”“介入ICT的物质条件匮乏”“数字信息素养缺位”等约束其接受良好数字服务的现实障碍。以上因素叠加，严重损害老年人表达数字需求、享受数字红利的能力，致使已在传统社会中被严重限制发声范围的老年人在数字化时代更加沉默化、边缘化，进而形成数字时代的老年人数字沉默问题。因此，档案部门在应用数字技术发展服务的同时，要加强数字兜底性政策保障与技术支撑，侧重关注老年人的数字

① 周煜. 智能化时代美国老年数字鸿沟的现状与启示［J］. 国外社会科学，2022（6）：101.

② 刘鹏程. 让“无障碍”成为适老标配［J］. 中国社会工作，2023（29）：1.

呼声与诉求。要意识到“三分之二左右的老年人面临‘数字失能’困境，数字化操作带来的不是便捷，而是社会隔离”。[①]

二是突破“信息茧房”与“信息屏障”。信息茧房导致老年受控。档案服务智慧化的技术核心是算法推荐，算法推荐技术在赋能信息筛选的同时，“使得大众获取信息质量的差距变得越来越大，人对自身的社会定位与走向也会间接受到禁锢，面临着成为‘算法囚徒’的风险”。[②]算法囚徒与信息茧房是一体两面的关系。桑斯坦认为，信息传播中公众自身需求并不是全方位的，其更多想要关注能使自己愉悦的领域，久而久之为自己束上“信息茧房”。[③]在数字化时代，老年群体对于自我信息素养存在认知误差，常以过往现实世界生活阅历与年龄为依据，误认为自己具有较高的信息筛选识别能力。实践已表明，老年人是最易受不良信息误导的群体。比如，老年对“这些都是假的”“看到后一定要转发”等为标题的信息内容表现出高度的阅读兴趣，往往还会在未经甄别的情况下转发至网络社群。总之，由于年龄标签与评估标签的存在，老年数字画像塑造与老年数字习惯控制变得容易，老年群体面临的沉浸式信息茧房风险也高于其他群体。无论如何，数字技术都应是推动档案服务适老包容的工具，数字技术的应用均不应与数字适老、数字向善目标背道而驰。算法推荐使老年人能够更积极接触信息流，但也更容易造成信息茧房。在算法推荐的信息流外，老年人并不擅长通过各种搜索渠道和技巧获取、挖掘信息，甚至缺乏搜索和筛选信息的意识，其“数字融入”明显面临“信息屏障”，越繁华的“陌生人社会”越容易造成老年人的相

---

① 苏宇．数字时代的智能化适老服务：法理基础与制度保障［J］．当代法学，2024（2）：90.

② 王寅辉，张晨．智媒时代“算法囚徒”的风险及其治理路径研究［J］．新闻研究导刊，2022（17）：1.

③ 桑斯坦．信息乌托邦［M］．毕竟悦，译．北京：法律出版社，2008：25-30.

对闭塞。[①]

三是应对“数字排斥”与“社会排斥”。数字排斥导致老年排斥。数字社会独有的话语体系与应用体系与老年群体认知能力冲突明显，加剧数字社会对老年群体的歧视与挤出效应，使得老年群体从被动排斥到主动排斥。被动排斥的表现较为明显，即档案数字技术的开发应用与基础设施的搭建提供多数没有关注到老年的特殊需求，使得老年人面对外部档案数字技术环境时略显局促。主动排斥则是由于老年年龄增长、身体机能退化，学习与接受能力难以匹配日新月异的档案数字技术，进而形成心理“防线”，不敢学习、不愿学习新技术，甚至可能对新技术产生拒斥心理。被动排斥与主动排斥双向作用下，老年群体与数字技术之间的鸿沟日益加大。

上述问题严重阻碍老年人在档案数字化时代的数字融入，但其阻碍程度因主体和场景的变化而存在差异。其一，老年人之间数字化适应能力不同。年龄、健康状况、文化程度、心理素质、工作经历都影响着老年人的数字融入水平。其二，与老年人基本生活需求密切相关的数字化应用场景至关重要，比如，基础性应用场景中就医、出行、支付等往往比阅读、娱乐更为重要。《移动互联网应用（App）适老化通用设计规范》显示，最让中老年人上网过程中感到为难的六个问题包括出行需要、医院挂号、银行业务办理、购买车票、扫码支付、线上缴费等。在上述场景中，大字体、减少广告、简化操作、大图标、人工客服是目前北京中老年人对主流App适老化改造最大的五个需求，而界面简单、无障碍功能、方言识别能力、读屏兼容和加配字幕则是目前呼声最高的智能化指标需求。[②]类似适老服务需求的高涨

① 苏宇. 数字时代的智能化适老服务：法理基础与制度保障［J］. 当代法学，2024（2）：90.

② 陈斯. App适老化改造 老年人有五大需求［N］. 中国青年报，2021-11-03（B3）.

和供给的不足形成鲜明对比。

目前，为解决以上问题，我国虽已采取若干举措，但不足仍较为明显。比如，软件基础设施建设存在形式主义与应付之举，无法有效回应老年群体在档案数字化时代的现实诉求。比如，《互联网应用适老化及无障碍改造专项行动方案》规定，自2021年1月起，组织开展为期一年的互联网应用适老化及无障碍改造专项行动。一年期限将满时，记者实测发现，不少App适老版仍存在入口难找、专区少、广告多、字体小等诸多不合规设计，让不少老年人感觉改造“浮于表面”。[①]总之，改造不实、技术滞后、人工短缺的问题至今依然制约着智能化适老服务的充分有效供给。市场主体并无充分动力帮助老年人实现档案数字技术融入，法律与政策的推动不可或缺。

老年数字鸿沟问题日益严重，顺势而为、主动迎接银发浪潮，从数字化角度探究中国老龄社会治理已经成为必然选择。老龄社会治理是系统性治理工程，档案部门理应在日常活动中关注国家动态，贡献特有力量。目前，可行之道是开展档案数字包容建设。数字包容是指赋予个人、团体在知识和经济社会中通过信息技术有效参与信息获取、减少数字差距的机会。数字包容与数字鸿沟密切相关，准确来说，数字包容是解决数字鸿沟的重要路径，是消除数字鸿沟的动态过程。数字包容是弥合乡村老年人数字鸿沟与共享数字红利的价值选择与价值旨归。[②]在数字包容方面，近年来又细化出数字适老的提法。与数字包容相比，数字适老更具针对性。数字包容的对象较广，指向所有数字弱势群体，旨在弥合数字鸿沟，推动社区包容发展。数字适老目标明确，直接指向老年人，已成为近期各类文件中所使用的专有名词。数字适老化是“科技向善”在老龄化社会的投影，数字化转型

---

① 佘宗明．App适老化改造当“应改尽改”［N］．光明日报，2021-12-23．

② 项松林，杨彪．从数字鸿沟到数字包容：老年人参与乡村公共数字文化服务的推进路径［J］．图书馆，2024（5）：22．

推动数字生活形成，适老化从物理空间的宜居走向了社会空间与数字空间的高质量生活。提及数字适老的文件较多。比如，2020年，《关于切实解决老年人运用智能技术困难的实施方案》中规定“坚持普遍使用与分类推进相结合”“坚持线上服务与线下渠道相结合”，前者旨在实现数字普惠，后者旨在消弭数字鸿沟，线下渠道兜底，线上渠道增效，将追求效率的数字技术规训在以人为本的场域。此外，《国务院关于印发“十四五”国家老龄事业发展和养老服务体系规划的通知》针对老年数字鸿沟现实困境，提出互联网网站、App应用服务提供商和终端设备制造商等需要按照适老化标准改造产品，以上下游主体间的功能衔接推进数字适老智能服务，以适应信息化时代老年人的新需求。《工业和信息化部关于印发互联网应用适老化及无障碍改造专项行动方案的通知》《互联网网站适老化通用设计规范》等一系列文件，从数字适老化的基本原则、场景应用、技术要求及风险规控等方面进行了相应的条款规定。

7.2 数字适老包容的举措

借鉴域内外相关案例，本书认为老年人作为档案数字化建设时代的弱势群体，发声渠道有限，产生档案数据质量也不及优势群体，在档案服务方面的愿望与要求难以被相关机构倾听与吸收。此情形下，如果不能采取多元举措，实现倾向赋权，老年群体权益将难以得到保障。本书认为档案部门至少可以从立法适老、行业适老、技术适老与教育适老等角度协同推进数字适老，在技术与伦理的交叉反思与双重构建中弥合老年数字鸿沟。①

① 刘育猛．数字包容视域下的老年人数字鸿沟协同治理：智慧实践与实践智慧［J］．湖湘论坛，2022（3）：107-119.

其一，立法适老：数字立法与传统立法双轨并行。数字适老的目标是帮助老年人跨越数字鸿沟，让有需求者更好地接受数字档案服务，更好地共享数字公平与数字福利。有论者将智能化适老服务供给体系分为0级（无须国家干预）、1级（中介性的国家干预）、2级（资源配置性的国家干预）、3级（强制性的国家干预）。其中，3级体系包括基本养老服务、普惠性公共服务及事关老年人重大法益、提供生活必需服务的算法应用。法律可以强制要求市场主体按照相关标准提供适老服务，并对怠于履行义务者设置相应整改措施和法律责任。[①]目前，该方面立法频繁，从宏观方面看，包括《工业和信息化部关于印发互联网应用适老化及无障碍改造专项行动方案的通知》《互联网网站适老化及无障碍服务水平评测评价体系》等。本书认为在数字立法与传统立法双轨并行的情形下，传统立法应继续加强对线下基础设施建设、线下档案服务规范化等方面的建设。数字立法则应着力从包括但不限于如下方面进行突破性建设：

一方面，一般性数字立法方面应增设数字适老算法分级监管制度，并推进在档案服务中的应用。数字档案在软硬件支持下，通过摄像头、麦克风、传感设备、LBS及GPS等信息技术和智能设备，对使用者的IP地址、网页悬停信息、浏览信息等数据进行收集，并使用贪心算法、蒙特卡罗算法等在内的算法技术进行处理，进而形成算法推荐结果，实现算法喂养、算法驯化与算法专制。在此情形下，老年群体极易因信息茧房的存在被算法控制，沦为算法囚徒，陷入算法监狱难以自我挣脱。因此，只有从顶层设计角度，借鉴数据分级分类、信息分级分类制度，建构与优化算法分级分类制度，才能对数字适老化过程中可能出现的老年人遭遇算法风险予以事前规避与提醒，赋予

① 苏宇. 数字时代的智能化适老服务：法理基础与制度保障［J］. 当代法学，2024（2）：99.

老年人算法选择权，提供安全、公平的数字化阅读环境。制度建构时，可参考欧洲《人工智能法案》（Artificial Intelligence Act，AIA）。[①]此法案将产品分为最低风险、有限风险、高风险和不可接受风险，对不同等级风险设计不同管控规则。为防止风险等级管理制度过于严苛，以至于扼杀科技创新，AIA还设置了“监管沙盒”以平衡科技创新与安全监管之间的关系。AIA在国家法律规范中增设算法风险分级分类制度，为老年人数字权益保护提供了有效路径，也是增强智慧档案服务规范性的有效路径。

另一方面，新《档案法》作为数字档案建设的纲领性文件，应考虑专章或专条增设数字适老条款。考虑到新《档案法》并不像各种“条例”“实施办法”一般要做到事无巨细，本书建议可以“数字包容”为大主题进行规定，数字适老、数字适幼、数字适弱（数字弱势群体）等相关主题均可包含在内。从域外经验看，可考虑效仿英国《政府数字包容战略》的相关规定，在新《档案法》中增设数字包容条款，明确数字包容工作的主体、权利与义务。比如，可要求各级各类档案部门成立数字包容服务行动办公室，具体负责本辖区内数字包容服务工作。各档案部门也应设置数字包容服务行动办公室或指派专人负责数字包容服务行动工作，明确其主体责任。同时，《档案法》还可以原则性规定该行动办公室的活动应兼顾线上与线下，倡导线上线下服务同立场共进退的指导思想。

其二，行业适老：数字档案服务适老化、规范化。档案部门数字适老工作既离不开顶层设计，也离不开行业指导。目前，我国部分档案部门已经开展数字适老项目与活动，但在将案例经验抽象为行业规范工作方面尚有所欠缺，亟待档案界各行业组织加强对数字适老问题

---

① Artificial intelligence act［EB/OL］.［2024-12-31］.https：//www.europarl.europa.eu/RegData/etudes/BRIE/2021/698792/EPRS_BRI（2021）698792_EN.pdf.

的专业研究，并在数字适老方面发挥更为积极的作用。比如，档案行业组织应主动作为，加强对数字适老工作的战略指导，发布典型案例，出台宏观政策，利用期刊加强档案数字适老问题研究，引导各级各类档案部门在档案数字适老目标基础上，制定符合本部门实际情况的档案数字适老举措与建设方案，以推进全国档案数字适老服务工作。此外，由于档案部门建设经费有限，档案行业组织可协助拓展经费来源，寻求多方合作，探索多方可持续发展的合作机制。比如，可以主动寻求本地政府对文化领域的资金支持、项目支持和政策倾斜，积极与数字技术公司合作，开展双赢技术合作和实验开发，吸收社会组织力量、专家和志愿者参与档案数字技能培训。其次，档案部门应自主增强档案数字适老服务工作。在日常工作中，档案部门应正视老年服务工作，尊重老年服务需求，减少对老年群体的档案数字技术排斥。可以按照国家相关政策要求建立馆内数字包容服务标准，丰富数字包容服务形式，并将优秀经验经行业组织联盟形成行业性指导经验。譬如，可以通过探索适合本土元素的数字项目，开发适老产品，持续为老年人构筑援助保障。再如，硬设施方面，档案部门应充分考虑老年的生理特点，依照《老年人建筑设计规范》等对设施设备进行改造升级，设计适合老年人身体状况的专用桌椅、无障碍通道等设施，可在馆内铺设防滑步道，调整电子读报屏高度、触屏灵敏度，在立式读报屏旁设置阅读椅等；馆内指示牌、标识、通知、公告，字体既要醒目又要规范，方便老年人快速、准确找到相关区域和文献。[①]

其三，技术适老：以场景适配化为目标进行技术革新。技术维度可及性与可用性是保障老年人享受普惠性数字接入机会的先决条

① 游梦娜. 公共图书馆开展适老化服务的实践与启示——以中部六省省级公共图书馆为例［J］. 河南图书馆学刊，2022（9）：7.

件。因此，构建安全高效的档案数字技术基础设施，[①]搭建适老档案数字接入系统，推动硬件配置和软件应用的适老化技术是消除老年数字鸿沟的有效手段。因此，档案部门应秉持技术服务本质，做好适老档案技术的开发工作。尤其是针对老年人应提供适老界面、功能选项、使用体验等档案技术开发工作，实现老年技术易用性目标。当然，在开发适老档案技术时，还应重视科技市场的信息收集，多渠道开展适老精准调研反馈，避免老年群体因数字无声导致被忽略、默认和无视。只有确保需求精准与场景适配，才能真正解决档案技术服务适老难题。

其四，教育适老：老年档案数字素养培育。档案数字包容建设中的重要因素是教育，优良的教育举措对于弥合档案数字鸿沟，推行档案数字普惠具有重要意义。美国的“21世纪技能”（21st. Century Skills）整合21世纪应具备的基本技能，并发布了“21世纪技能框架”，大力推行“终身学习”和“核心素养”战略，[②]将数字素养划分为“信息素养、交流素养、内容创建素养、安全意识素养、问题解决素养”，并于2013—2015年先后推出了数字素养框架DigComp1.0版、DigComp2.0版和DigComp2.1版。[③]欧盟教育与文化总局联合英国、德国、西班牙、瑞典、法国和立陶宛的老年大学，成立老年数字学院，免费开设数字化技能课程，为老年人提供数字化技能学习机会。[④]eLSe学院为老年人提供“为期两年的、非正规的、灵活的、可访问的基于电子学习的ICT资格课程，该课程是连贯的、量身定制的，在教学上适应老年学习者的需求”，其目的旨在减少数字排斥，

---

① 张二震，戴翔. 数字经济、要素分工与中国高水平对外开放［J］. 思想理论战线，2022（1）：118-127；139.

② 任友群，随晓筱，刘新阳. 欧盟数字素养框架研究［J］. 现代远程教育研究，2014（5）：3-12.

③ 郭一弓. 欧盟数字素养框架DigComp 2.1：分析与启示［J］. 数字教育，2017（5）：10-14.

④ 作者根据相关资料整理。

促进老年人在知识和信息社会中的“社会参与、赋权和融入”。[①]中国作为当今世界最活跃的经济体之一，有责任也有能力为老年人数字素养教育培养框架贡献中国智慧和中国方案。为贯彻落实《关于切实解决老年人运用智能技术困难的实施方案》，海南省配套出台《海南省关于切实解决老年人运用智能 技术困难行动计划（2021—2022）》，针对该省特殊的“候鸟老人”，组织候鸟志愿者群体为之开展智能技术使用教育培训。[②]在中国，多方协同、联合开展老年人数字素养教育的行动也屡见不鲜，如利用“时间银行”鼓励相关志愿服务；[③]积极构建老年志愿者教育培训机制，为低龄老人人力资源再开发创造条件。[④]

总而言之，“人人都会老去，都将迎来‘不适老’的挑战。如何让老年人跟上经济社会的发展，是适老化的应有之义”。[⑤]档案数字化发展给老年群体信息获取和社会参与带来巨大挑战，老年数字鸿沟问题凸显，老年群体面临接入沟层面跨而未越、使用沟层面技术悬浮以及知识沟层面融而不入等问题，对其治理刻不容缓。[⑥]发展档案数字技术的目的是增进全体人民的福祉，而不是使其成为部分群体进行资源垄断的工具。帮助老年人顺利融入档案数字生活是数字社会发展的必然要求和应有之义。

① 孙旭欣，罗跃，李胜涛．全球化时代的数字素养：内涵与测评［J］．世界教育信息，2020（8）：13-17.

② 海南省解决老年人运用智能技术困难厅际联席会议办公室关于印发《海南省解决老年人运用智能技术困难厅际联席会议制度》《海南省关于切实解决老年人运用智能技术困难行动计划（2021—2022）》的通知［EB/OL］．［2024-12-05］http//plan.hainan.gov.cn/sfgw/shfz/202102/45cb938bdd4545d59f6bdc37693d9af9.shtml.

③ 杨一帆，潘君豪．老年群体的数字融入困境及应对路径［J］．新闻与写作，2021（3）：29.

④ 梁淑雯，李录堂．低龄老年人力资源再开发方式探究——基于中国老年社会调查数据［J］．理论导刊，2018（2）：78.

⑤ 刘鹏程．让“无障碍”成为适老标配［J］．中国社会工作，2023（29）：1.

⑥ 张鑫．老年数字鸿沟的生成逻辑与治理策略［J］．江苏社会科学，2023（6）：150.

8

数字时代档案安全的刑法保护问题揭示与调适

安全是档案工作的重中之重，关系到国家和社会的存续发展以及个人的信息安全。《“十四五”全国档案事业发展规划》明确提出，要强化风险防控、应急管理，并压实相关责任，确保档案的安全性。目前，对于档案安全的保护已形成一定规模，初步显现出由中央统一立法到地方专项立法的治理格局，法治化保障水平稳步提升。但大数据时代的到来为数据安全的保护带来了新的挑战，档案数据安全的刑法治理问题再次显现，并成为重难点问题。《刑法》作为保障法，在前置法无法有效发挥其作用时，理应以积极的姿态介入档案安全的刑法保护空间，切实发挥其保障法的功能。①故而，完善档案安全刑法保护体系对档案权保障具有重要作用，也是实现档案安全保护法秩序统一目标的必要举措。目前，学界已经有论者关注相关问题，并进行针对性的讨论。比如，有论者关注网络时代个人档案安全的刑法保护问题，②有论者关注伪造、篡改档案罪的修改问题，③还有论者关注国有档案纳入刑法保护范围的问题。④相关研究对调整完善档案安全的刑法保护体系具有积极裨益，但仍待深化研究，本章的研究工作从揭示与调适数字时代档案安全刑法保护问题展开。

8.1 档案安全刑法保护的立法演变

法律如同语言，不是专断的意志也不是刻意设计的产物，而是缓慢、渐进、有机发展的结果。⑤在研究档案数据安全刑法保护问题

① 张明楷. 刑法学（上）[M]. 6版.北京：法律出版社，2021：24.
② 仝其宪. 数字网络时代档案安全保护的刑法治理研究 [J]. 档案学研究，2021（3）：33-39.
③ 仝其宪. 伪造、篡改档案行为的刑法规制——以“高考冒名顶替”等案件为例[J]. 档案学通讯，2022（3）：80-86.
④ 贾济东，褚雨. 论档案犯罪对象和行为类型的当代转型 [J]. 档案学通讯，2022（6）：70-77.
⑤ 博登海默. 法理学：法律哲学与法律方法 [M]. 邓正来，译. 北京：中国政法大学出版社，2017：98.

前，应先用历时性的目标重绘档案安全刑法保护轨迹。秦长森认为，我国档案安全的刑法保护历史可以分为1988年至1997年的档案安全刑法附随保护时期与1997年至今档案安全的明确保护时期。[①]本书认为该分类较为合理。

其一，刑法附随保护时期。1988年《档案法》制定，该法规定有下列行为，构成犯罪的应追究刑事责任：(1) 毁损、丢失或者擅自销毁属于国家所有的档案；(2) 擅自提供、抄录、公布属于国家所有的档案；(3) 涂改、伪造档案；(4) 出卖属于国家的档案；(5) 倒卖档案牟利或者私自将档案卖给外国人；(6) 携带禁止出境的档案及其复制品；(7) 档案工作人员玩忽职守造成档案损失。[②]根据该立法体例可知，《档案法》立法者考虑到以上行为具有严重社会危害性，有可能由档案违法行为向档案犯罪行为转化，因此，在《档案法》中增设附属刑法条款，以表明立法者对相关行为的打击决心，并为刑法的启动奠定立法基础。然而，该阶段存在的问题是我国《刑法》中并没有专门规定档案犯罪，因此，行为人实施以上行为究竟构成何罪，以及如何处理成为摆在司法者面前的难题。从理论上看，即便行为人实施以上行为，只要没有侵犯《刑法》分则条款规定罪名所保护的法益，并符合相关犯罪的构成要件，则相应行为不能构成刑事犯罪。然而，该阶段的两个立法特点却可能会导致档案犯罪范围不清，出现不当入罪问题。首先，该阶段《档案法》不区分档案类型，对档案安全展开整体性保护，对于非国有档案的涂改行为，只要侵犯刑法法益，也会构成犯罪。其次，《刑法》允许类推，司法者可以在《刑法》没

---

① 秦长森. 我国档案安全刑法保护的回顾、反思与完善 [J]. 档案学研究，2023 (4)：57-64.

② 中华人民共和国 1988 年《档案法》[EB/OL]. [2021-09-15]. https://www.pkulaw.com/chl/c6b54f2bbc7ecd5fbdfb.html? keyword=%E6%A1%A3%E6%A1%88%E6%B3%95&way=listView.

有规定的情况下比照最相类似的条款进行定罪判刑，[①]这使得几乎其能规制所有类型的危害档案安全的行为。由此，该阶段的立法存在出现如下悖论：刑事立法边界模糊，档案安全保护范围扩张，利于对档案安全提供保护；但打击范围存在不当扩张风险，反倒影响档案事业的健康发展。

其二，明确保护时期。《档案法》在1996年修正，《刑法》也在1997年对应增设相关罪名，如第329条抢夺、窃取国有档案罪与擅自出卖、转让国有档案罪。以上罪名的增设使得该阶段刑法保护与附属保护时期出现明显不同，一是立法已明确抢夺、窃取国有档案罪与擅自出卖、转让国有档案罪，司法认定时即应认真剖析相关罪名的保护法益与犯罪构成，不能超出相关罪名保护法益提供保护。二是1997年《刑法》明确禁止类推，严格要求遵守罪刑法定原则。这也导致如若实施其他类型档案违法行为，但不能该当既有刑法犯罪构成，便不应被评价为刑事犯罪，不存在比照最相类似立法予以打击的解释空间。此外，需关注的是，该阶段《刑法》相关罪名被规定在第六章第四节“妨害文物管理罪”中，据此可知，立法者对档案的保护是基于其文物属性，即重视对历史记录功能与历史文化功能的保护。然而，文物与档案在内涵上虽相近，但两者并不完全相同，将档案犯罪置于文物犯罪中进行保护反而可能会影响对档案法益的保护。文物犯罪的保护法益是必须与文物相关，这也就说明与文物无关的档案不应成为《刑法》的保护对象，否则便有违《刑法》中具体罪名保护法益应被包含于同类法益这一基本法理。同时，《刑法》仅规定两项关于国有档案的犯罪罪名，导致国有档案与其他档案的保护失衡，尤其是大数据时代，利用信息技术手段非法获取非国有档案的严重违法行为时有发生，如何解决该问题，成为摆在立法者与学者面前的重要问题。

① 黎宏. 刑法学总论［M］. 北京：法律出版社，2016：19.

8.2 数字时代档案数据安全的保护难点

与传统档案犯罪相比，数字时代档案犯罪形式与特征发生变化，行为主体将数字技术作为犯罪工具，以档案数据与相关权益为犯罪对象实施危害社会并被《刑法》禁止的行为。目前，档案数据犯罪具有如下典型特征：

其一，档案犯罪主体范围进一步扩大。[①]尚未进入数字时代前，自然人是档案犯罪的主要犯罪主体，单位犯罪较少。然而，社会经济发展导致社会格局变化，出现自然人与单位混同的现象。随着互联网信息技术的发展，数字技术拉近了犯罪人与档案间的距离。随着互联网技术的广泛应用，档案犯罪主体不再局限于自然人与单位，网站管理者与网络服务使用者也有可能成为档案犯罪的主体。[②]此外，传统档案犯罪往往不易实现，盗取、复制、拷贝档案资料对档案工作人员以外的人来说很难实施，要实施这些行为通常需借助档案工作人员的便利条件或专业设备才能完成，犯罪投入成本相对较高。因此，针对档案实施的传统犯罪较少。然而，数字时代，无论是纸质档案还是电子档案，一旦被非法获取并被上传到网络，则可以无时间限制、无地点限制地随意下载、访问，档案违法复制行为极易发生。再加上网络具有特殊属性，如果不能被有效管控，侵犯档案资料或参与档案犯罪的人数将急剧增加，远超传统的档案犯罪人数。

其二，档案犯罪对象形式丰富，数字档案易被盗取、复制或破

---

① 仝其宪．数字网络时代档案安全保护的刑法治理研究［J］．档案学研究，2021（3）：33-39.

② 仝其宪．数字网络时代档案安全保护的刑法治理研究［J］．档案学研究，2021（3）：33-39.

坏。传统档案犯罪对象主要是纸张等物理介质，数字时代档案犯罪对象由传统介质演变为电子数据，其存在形式更为多元丰富，范围更为广泛，获取传播更为便捷，也更易被破坏、篡改或截取。当传统有形档案转变为无形数字档案，给档案所有人或管理单位维护自身权利带来极大难度。一方面，无形档案资料被侵犯的机会或风险更大，档案所有人或单位若缺乏必要的技术能力很难对档案数据进行全面保护。另一方面，数字技术演变较快，档案数据保护措施的发展速度与规避档案数据保护措施的发展速度相比，可能略微滞后。因为实施规避档案数据保护措施以获取利益的行为，行为人更有动力投资研发新兴技术。而档案机构在保护档案数据方面则略显动力不足，加强对技术的投资，将减少其他方面的可用资金。同时，对于电子档案数据而言，无论是认定犯罪对象还是犯罪人，或者进行调查取证都会面临较大难题。

因此，新《档案法》对档案信息化建设提出明确要求，数字档案馆建设加快，档案数字资源跨区域、跨部门共享机制建立，电子档案成为未来档案馆藏与利用档案主要形态，《刑法》对档案安全保护重点也应发生相应的转变，从关注传统形态档案到重视档案数据安全。

其一，《刑法》与新《档案法》未能有效衔接，档案数据保护范围狭窄。《刑法》未能将新《档案法》中惩治的严重违法行为全部纳入刑法规制范围。2017年，全国档案安全工作会议指出，近年来危及档案安全的风险日益增多，档案资源流失、数据毁损或泄密，甚至内外勾结伪造、篡改档案及监守自盗、倒买倒卖档案的案件时有发生。因此，新《档案法》丰富了档案违法行为类型，尤其是细化了对11种严重档案违法行为的处罚规定。然而，现有《刑法》并未与之匹配，进行衔接调适，仅规定“抢夺、窃取国家所有的档案罪”、“擅自出卖、转让国家所有的档案罪”和“隐匿、故意销毁电子会计档案罪”3个档案犯罪，导致诸多严重危及电子档案安全的行为难以受到《刑法》打击。事实上，“篡改、损毁、销毁”电子档案的违法行为对电子档案法益造成的侵犯显然不低于抢夺、窃取等传统方式造成的损害。因为电子档案一旦被篡改、损毁、销毁将可能完全灭失，而被抢夺、窃取还有可能追回。根据罪责刑相适应原则，理应扩大对篡改、损毁、销毁电子档案行为的刑法处罚范围，解决“隐匿、故意销毁电子会计档案罪”处罚范围过窄的问题。

其二，现行《刑法》中的档案犯罪对象没有包括《档案法》保护的全部类型档案。新《档案法》中规定，国家所有的电子档案、集体所有的电子档案和个人所有的电子档案都是《档案法》的保护对象。但《刑法》仅保护国家所有档案和电子会计档案，其他类型的档案未被列为《刑法》的直接保护对象，这导致《刑法》在打击档案违法犯罪行为方面能力略显不足。为充分发挥《刑法》的保障法作用，理应对相关条款进行调适，对国有与非国有档案进行一体保护。实际上，将档案分为国有档案与非国有档案虽具有一定的意义，能凸显出对国有档案的重点保护，但此做法也有瑕疵，会导致非国家档案被忽视。有学者将档案犯罪分为显性档案犯罪与隐性档案犯罪，并借此扩大档案犯罪惩处范围。其提出，前者是指《刑法》规定的，以档案为犯罪对象的犯罪行为；后者是指犯罪对象能包含档案或犯罪客体能包含档案法益的犯罪。[①]隐性档案犯罪的类型如下：第一，秘密、情报、信息类犯罪。秘密、情报与信息本身即是档案所承载的内容，因此，对秘密、情报与信息的侵犯，在一定程度上亦体现为对档案对象或档案法益的侵犯，可以将之视为隐性档案犯罪。第二，文物类犯罪。部分档案可以归属于文物的犯罪，即文物与档案存在交叉部分。然而，从

① 牧晓阳. 论我国档案犯罪的立法完善［J］. 兰台世界，2010（18）：29-30.

合理性角度看，将档案犯罪区分为显性档案犯罪与隐性档案犯罪并不合适。档案犯罪本身即是较为泛义的表述，其内容足以包含以档案载体为对象或以档案内容为对象的犯罪行为。如若在档案犯罪中引入所谓隐性档案犯罪概念，当涉案行为侵犯对象既是文物也是档案时，则可以同时构成故意损毁文物罪与“隐性档案犯罪”。此时，根据罪数理论最终得以故意毁坏文物罪进行处理。不难发现，提出隐性档案犯罪概念实际上并没有扩张档案犯罪的惩治范围，更不会影响《刑法》对具体案件的处置，强行增加该概念，有滥竽充数之嫌，无法解决档案犯罪打击对象狭窄的问题。此外，《刑法》与新《档案法》中对档案违法犯罪主体的认定范围不同。《刑法》规定的档案犯罪主体仅限于自然人，单位不能构成相关犯罪。但在《档案法》中，有关法律责任部分中规定档案犯罪主体可以是自然人，也可以是单位。[①]故而，新《档案法》违法行为主体宽于《刑法》。如此一来，会造成如下问题：自然人实施档案违法行为时，既可能构成档案违法行为，也可能构成档案犯罪行为，并承担刑事责任；单位实施档案违法行为时，只能构成档案违法行为，不能构成档案犯罪行为，更不能追究其刑事责任。因此，单位就存在逃避刑事责任，造成司法系统漏洞的可能性。

其三，《刑法》所规定的行为方式难以适应数字经济时代档案犯罪的治理需求。我国《刑法》对档案犯罪行为方式进行了提炼，即处罚以盗窃、抢夺、出卖、转让等行为方式进行的档案犯罪。然而，从目前形势看，仅对这些行为方式进行处置，并不能满足数字经济时代档案犯罪处置问题。比如，对于“盗窃”行为的认定，传统档案以纸质文书等形式存在，盗窃档案文书的行为即表现为占有转移。但数字经济时代档案以数字形式存在，对于“并不毁坏，亦不窃取档案载

① 仝其宪. 论《档案法》与《刑法》的规范衔接［J］. 档案管理，2022（5）：65-69.

体，仅以浏览形式或拷贝形式获取档案数据的行为，是否构成刑事犯罪”似乎存疑。本书认为与传统档案犯罪相比较，数字经济时代档案犯罪行为存在以下特点，值得关注：一是数字经济时代的档案犯罪活动通常涉及高度复杂的技术手段，虽然仍具有盗窃等手段性质，但此行为披上互联网技术外衣，不再是传统物理意义上的盗窃行为。传统关于盗窃的刑法规定一定程度上无法涵盖这些新兴手段，可能造成刑事司法漏洞。二是数字经济时代档案犯罪具有匿名性和虚拟性，犯罪分子通过使用代理服务器、加密通信等手段对自己真实身份进行隐藏，这使得执法机关难以追踪、固定犯罪证据，加大司法打击难度。三是数字经济时代档案犯罪存在跨境操作情形，犯罪分子可以隐匿在境外实施相应的犯罪行为。此时，如何加强域内外证据的取证、转化与应用也是值得关注的难点问题。

8.3 我国档案数据安全的刑法保护原则

立足档案安全刑法保护完善的基本思路，框定档案安全刑法保护的基本原则对于具体立法的调整具有指导意义。具体而言，包括以下内容：

其一，集体法益优先。个人法益与集体法益之争，一直充斥于刑事法学研究。同时，近年来部分学者倾向于批评集体法益，主张将集体法益还原为个人法益，但不可否认的是，集体法益仍具有使刑事立法正当化的功能。[①]从有效实现数字经济时代档案犯罪规制的角度看，我国未来仍应重点关注集体性档案数据利益的保护。档案犯罪属于法定犯，道德伦理违反性程度较低。自然犯与法定犯的区分是刑法学理论中的一个老生常谈的问题，对这一组概念进行区分的思想渊源

① 张明楷. 法益初论：上册［M］. 北京：商务印书馆，2021：293.

可以向前追溯到古罗马时期的自体恶与禁止恶之分。然而，我们通常认为现代刑法意义上的自然犯与法定犯的区分是由意大利的犯罪学家加罗法洛提出并推广的。加罗法洛提出自然犯是指侵犯了正直与怜悯两种基本利他情感的犯罪，[①]法定犯则是指一种与自然犯相对的犯罪类型，那些没有被列入自然犯范畴的行为都可以被称作法定犯。法定犯的实施者是因为法律禁止性规定的存在才应受到惩罚，实施法定犯行为并不代表行为人在伦理道德层面具有异常性或者伦理道德低下。检视加罗法洛的理论，可得出如下结论：区分自然犯与法定犯的标准是涉案犯罪行为是否能够表征出行为人在道德方面的异常性，或者说是否具有明显的伦理道德违反性。

随着研究深入，学界提出多种自然犯与法定犯的区分标准。每种自然犯与法定犯的区分标准又都存在难以克服的缺陷。[②]因此，刑法学界始终有论者坚持没有必要在刑法学研究中区分自然犯与法定犯。比如，我国学者张文提出“自然犯、法定犯的分类方式必须在刑法理论中终结”。[③]日本学者大谷实也认为醉酒驾车罪等基于行政取缔目的规定的犯罪，慢慢地也已经具有了伦理上的可谴责性。时至今日，自然犯与法定犯之间的区别已经变得不再重要。[④]然而，刑法学理论研究中区分自然犯与法定犯具有积极价值，不应轻易否定。自然犯与法定犯之间存在不同。比如，违反国家规定一般是法定犯的规范性构成要件要素，在认定涉案行为是否构成法定犯时往往需要判断其是否违反国家规定。涉案国家规定往往又属于专业法规，需要掌握专业知识才能予以正确判断。同时，由于法定犯的成立需要行为人在事实上

---

① 加罗法洛．犯罪学［M］．耿伟，王新，译．北京：中国大百科全书出版社，1996：44.

② 张明楷．自然犯与法定犯一体化立法体例下的实质解释［J］．法商研究，2013（4）：46.

③ 张文，杜宇．自然犯、法定犯分类的理论反思——以正当性为基点的展开［J］．法学评论（双月刊），2002（6）：41.

④ 大谷实．刑法总论讲义［M］．黎宏，译．新版2版．北京：中国人民大学出版社，2008：89.

违反了国家规定，而此类涉及专业知识的国家规定往往会随着社会情态的变化而不断变化，[①]法定犯也因此形成与自然犯所拥有的相对稳定性特征完全不同的时代易变性特征，导致两类犯罪行为的认定、处罚与预防等方面要求皆不相同。[②]此外，国家管理目标的变化也会导致行政法规的变化，进而导致法定犯构成范围的变化。因而，认定法定犯时需要特别重视对行为人在违反国家规定时是否存在违法性认识错误问题进行判断。如果行为人在行为时确因客观不能认识到有关国家规定的存在（比如身处交通不便的深山，从未与外界接触等因素），则很可能在具体个案中对实行行为进行定性判断时会进行行为出罪处理或者排除故意犯罪的成立。显然，在刑法教义学层面区分自然犯与法定犯具有现实意义。实际上，尽管否定声音不断，但国内大多数刑法学者对该分类持支持态度。

总之，法定犯与自然犯的区分并不过时，也不会过时。刑法学研究应正视“法定犯时代的到来”这一客观现实，[③]将法定犯作为接下来刑法学研究的重点内容。只是在研究时须注意对加罗法洛所率先倡导的、占据刑法学通说地位的伦理道德违反性区分标准进行批判性反思。目前，伦理道德违反性区分标准仍占据通说地位，但此理解误读了加罗法洛的犯罪学思想，加罗法洛本人的相关论著也从未将伦理道德违反性作为区分法定犯与道德犯的唯一标准。[④]陈兴良提出的“形式与实质”双标准说，将自然犯与法定犯的区分标准进行形式与实质的划分。其中，是否存在对现行行政法规范的违反行为是形式标准考察的内容，是否存在对伦理秩序的违反是实质

① 刘宪权. 刑法学（上）[M]. 4版.上海：上海人民出版社，2016：74.
② 刘宪权. 刑法学（上）[M]. 4版.上海：上海人民出版社，2016：74.
③ 储槐植. 要正视法定犯时代的到来 [N]. 检察日报，2007-06-01（3）.
④ 加罗法洛提出“拥有它们（指怜悯与正直的基本利他情感）与在表面上侵害它们可以并不矛盾，但这时的犯罪便不是真正的犯罪”。可见，在侵害怜悯与正直的基本利他情感的情况下也存在着不是自然犯而是法定犯的情况。参见：加罗法洛. 犯罪学 [M]. 耿伟，王新，译. 北京：中国大百科全书出版社，1996：67.

标准考察的内容。如果在具体罪名的考察中仅仅依据其中一项标准不能确认是法定犯还是自然犯，则可以结合形式标准与实质标准进行综合判断。[①]此观点较为合理，但仍须进行修正，不应将标准分为形式标准与实质标准，而是应以作用力大小分为决定性标准与辅助性标准。决定性标准是行政与刑事的双重违法性，辅助性标准是伦理道德违反性。在确定具体罪名是否为法定犯时，应先考察该罪名是否满足了行政与刑事双重违法性标准，得到肯定结论则可认定为法定犯。因为即便通过进一步考察发现该罪名同时具有高度的伦理道德违反性，带有明显的自然犯特征，也只能说是法定犯与自然犯的竞合，即同时具有法定犯以及自然犯的特征，而不能说该罪名属于自然犯。本书所研究的档案犯罪，即是典型的法定犯，符合法定犯行政与刑事双重违法性特征。具体表现为违反国家档案管理规定是档案犯罪的构成要件要素，要构成档案犯罪必须证明该行为违反档案安全的国家规定，否则涉案行为将不能进入到刑法评价范围。然而，即使涉案行为违反关于档案安全的国家规定，仍需要对之进行刑事违法性判断，需要对涉案行为手段、行为对象与行为结果是否符合犯罪构成要件进行综合认定。档案建设属于国家行政管理的一部分，破坏档案安全的行为当然侵犯集体法益，对我国整体性档案管理秩序产生不利影响。此外，集体法益是指“在共同社会生活中，能促进众人自由发展及其基本权利实现的制度条件”。[②]保护档案犯罪中的集体法益就是要合理保障档案事业发展的制度条件。通过设置保护集体法益的犯罪，能够利用刑法功能维护档案价值客观存在的条件，利于档案事业的健康发展。

① 陈兴良．法定犯的性质和界定［J］．中外法学，2020，32（6）：1470.
② 李冠煜．论集合法益的限制认定［J］．当代法学，2022（2）：66-78.

其二，档案法益直接保护原则。[①]我国《刑法》中的档案专门罪名较少，对档案数据的保护多依附于网络犯罪、数据犯罪或者其他犯罪。比如，当保护个人信息的档案数据泄露时，由于不满足档案犯罪的构成要件，因此，只能构成数据犯罪或者侵犯公民个人信息犯罪。然而，即便《刑法》能处罚或调整此类行为，但却并非对档案法益的保护，事实上造成了对侵犯档案法益行为的遗漏评价。因此，在坚持集体法益保护优先的前提下，还应重视档案法益直接保护，即增设直接以档案为犯罪对象的犯罪对象。如未来立法能做好此项工作，将具有如下功能：一方面，促进档案事业的高质量发展。档案安全是档案事业发展的最终目标。档案事业现代化是中国式现代化的一部分，需要广大理论工作者把握档案制度演进规律，自觉促进档案制度范式转型与效率提升。[②]但档案数据资源的应用终归只能是第二位的目标，第一位的目标仍应是档案安全保护，即《刑法》应高度关注对档案数据安全的保护，为其他法律提供兜底性的保护规定。另一方面，档案安全涉及国家安全，应直接保护。档案安全泄露不仅是对个人、单位的法益侵害，更可能影响到国家安全与社会稳定。甚至，部分档案的不当泄露，可能对国家安全以及经济、政治与技术等要素产生影响。因此，贯彻档案法益直接保护原则应既利于档案事业的平稳发展，还确保档案价值的全面实现，维护档案背后映射的其他利益。其三，法律既要有稳定性，也要随时代而变。档案犯罪立法较早，符合立法当时的客观现状，但随着时间的推移，档案犯罪立法时的主客观条件均已发生改变。此种情形下，应考虑如何修改《刑法》以适应新时代、新要求。

最后，刑法介入应保持谦抑性。刑法作为后置法，具有保障性的

① 秦长森．我国档案安全刑法保护的回顾、反思与完善［J］．档案学研究，2023（4）：62.

② 常大伟．理念、制度与技术：治理现代化语境下档案 事业高质量发展的三重审视［J］．档案学通讯，2022（2）：13-19.

功能，在前置法足以发挥作用，阻却违法犯罪的情况下，刑法不应介入，也不应盲目设置新罪保护档案安全。否则，刑法存在被不当滥用的风险。因此，本书虽提倡增设新罪保护档案数据安全法益，但该保护应基于刑法谦抑性。实际上，刑法谦抑性在立法方面的表现是最小必要性，即可从宪法比例原则的最小必要性角度考察刑法的打击范围。根据最小必要性原则，我国档案数据安全保护应做到如下几点：其一，新罪应保护档案数据安全法益，但不应保护极个别人的档案数据安全法益；其二，新罪应直接保护档案数据安全法益，尽量避免间接性、附随性档案数据安全法益保护条款的设立；其三，应建构轻重有序的档案数据安全保护罪名体系，该轻则轻，该重则重。尤其是在我国长期实行重刑轻民的治理模式下，刑法要注意自我谦抑，避免一味重刑化倾向。对于档案数据犯罪中存在的部分法益侵犯性较轻、行为人主观危险性不明显的犯罪行为配置轻刑。如果一味采取重刑模式，可能给档案工作参与者带来压力，阻碍档案事业蓬勃发展。比如，档案开放利用是档案价值释放的重要方式，适当开放部分档案能有效促进档案馆更为有效履行档案信息服务公共职能。[①]如果将刑法手段介入档案开放中，只会导致档案工作者怯于开放档案，进而阻滞档案事业的发展。

8.4 我国档案数据安全的刑法保护方案

8.4.1 实体性衔接

新《档案法》是档案数据安全保护领域的基本法，其已确认电子

① 杨千，王英玮．治理视角下我国档案事业的发展与安全［J］．档案学研究，2022（1）：14-21.

档案的法律效力。以档案数据形态存在的电子档案将日益成为馆藏档案及档案利用的主要形式。因此，建立健全档案数据安全刑法保护体系具有现实紧迫性与实践必要性。本书上文也已揭示既有档案数据安全刑法保护存在的困境，并提出需要通过调整《刑法》中关于档案数据安全刑法保护的相关罪名及罪刑配置以解决问题。实体法层面的具体举措如下：

其一，完善《刑法》档案犯罪规定，增设档案数据安全直接保护罪名，并丰富档案数据安全间接保护罪名。鉴于《刑法》与新《档案法》保护衔接不畅的问题，有必要在刑法罪刑法定原则、人人平等原则与罪责刑相适应原则的指导下，调整优化我国刑事犯罪罪名体系。比如，在新《档案法》中规定了诸多危害电子档案安全的违法行为，《刑法》应在适当论证的基础上考虑将以上电子档案安全违法行为的一种或多种增设为电子档案犯罪行为。目前，可以考虑基于维护国家档案信息资源安全的需要，增设“篡改、伪造”“故意或过失损毁”“擅自销毁”“非法携带、运输出境”“非法向外国人出售、赠送”等电子档案犯罪行为。在增设的过程中，应注意把握两点要素：一是注意采用空白罪状的表述模式，实现档案犯罪与前置法之间的有效联动，解决前置法变动刑法无法可依的问题。二是注意各新增犯罪与原犯罪，尤其是数据安全、情报安全、信息安全、国家秘密安全等犯罪罪名之间的罪状衔接、罪刑衔接、入罪门槛衔接，防止出现轻罪重罚或重罪轻罚等不合理问题，实现罪刑有序排列，以保证对涉案行为人的犯罪行为之充分但不过度的刑法保护。在增设行为类型外，还应考虑增加保护对象。目前，《刑法》并不保护电子会计档案外的非国有电子档案。虽然国有档案与非国有档案之间的区分具有一定的价值，能体现出对国有档案的强化保护，但非国有档案在日常社会生活中亦占据较为重要的地位，一律排除对电子会计档案外的非国有电子档案的保护，必会在刑法中造成不必要的处罚漏洞。尤其是电子档案内容与载体具有分离性，同一份电子档案可以被国有主体与非国有主体同时占有，此时，该电子档案究竟是国有档案还是非国有档案难以区分。因此，本书建议取消《刑法》对国有电子档案、集体电子档案与个人电子档案的差别对待，主动衔接新《档案法》，将非国有电子档案纳入刑法保护范围。

其二，构建档案数据价值鉴定机制。[①]刑法与其他部门法的不同之处在于，刑法具有严厉性、残酷性与强制性。因此，档案数据犯罪行为与档案数据违法行为之间具有质与量的不同，当档案数据违法行为积累到一定量的情形下，会直接导致档案数据违法与犯罪的转化，使本应受新《档案法》等前置法调整的违法行为上升为同时符合社会危害性、刑事违法性与刑事可罚性的刑事犯罪行为。由此可见，一项档案数据违法行为究竟是否可转化为档案数据犯罪行为的认定问题，在档案数据刑法保护过程中极为重要。然而，档案数据价值鉴定机制的缺失，导致司法实务中此工作的展开较为困难。因此，只有实现档案数据价值的可测化后，才能根据违法行为的损害后果，对篡改、损毁电子档案的行为与档案工作人员玩忽职守造成电子档案损毁、灭失的行为分别适用破坏计算机信息系统罪与玩忽职守罪进行处罚。本书认为，在档案数据价值可以转化为财产价值的情况下，可以直接参照财产法益的标准进行量化，适用故意毁损财物罪等罪名进行处罚。对于不能转化为财产法益的情况，可以参照现行《刑法》中已建立的文物分级管理和鉴定机制进行应急处理。长期看，还是应在《档案法实施条例》基础上，建立基于档案分级分类管理展开的档案数据价值鉴定机制，通过为不同层级不同类别档案数据分别配置价值鉴定规则的

① 单邦来．新修订《档案法》视域下电子档案刑法保护的完善路径［J］．中国档案，2022（1）：68-69.

方式，增加档案数据犯罪司法认定的便捷性与可操作性。此举不仅能助力刑法对档案数据保护路径的创新，促进我国档案管理事业的科学发展，而且可以确保法律的可预测性，使涉案行为人或者潜在涉案行为人在行为过程中即认识到自己行为的严重性，自我评价受处罚的严重程度，促使其调整约束自我的行为。价值鉴定规则的设立也是对司法机关的约束，使其在明确规则框架内展开档案数据犯罪的打击与惩治工作，防止因规则不明确而造成不必要的司法恣意与法律滥用问题。

8.4.2 程序性衔接

《“十四五”全国档案事业发展规划》中提出，“社会主义法治国家建设和新修订档案法施行，迫切要求深化依法治档、提高档案治理能力和水平”，必须“依法严肃查处违法违规行为”。因此，档案行政执法与刑事司法衔接是深化档案数据犯罪治理的应有之义，也是严格查处档案违法违规行为的内在要求。作为法定犯，档案数据犯罪兼具行政违法与刑事犯罪属性，其处置往往会经过行政执法与刑事司法程序，如果在两者间不能实现有效正向与反向衔接，则必然会影响档案数据犯罪治理实效。故而，在实践中应考虑如何避免出现有案不移、有案不立、以罚代刑等行刑衔接不畅问题。我国档案安全领域的行刑衔接现状如何？是否存在行刑衔接不畅问题？行刑衔接不畅的原因是什么？如何构建符合档案数据安全保护所需的行刑衔接机制？以上问题均待系统性研究。从立法层面看，新《档案法》规定，“违反本法规定，构成犯罪的，依法追究刑事责任”，但由于该规定较为粗疏，难以真正起到指导档案数据违法犯罪案件移送工作的作用。此外，《档案行政处罚程序暂行规定》《档案执法监督监察工作暂行规定》等部门规章在行政违法与刑事司法的衔接方面虽也进行了规定，但多只是对上位法的重申，即申明“构成犯罪的，依法追究刑事责任”。对于如何移送、如何衔接等问题并未作出规定，导致因缺乏细化规定而难以操作。概言之，尽管我国已初步构建起由法律、法规、规章和规范性文件组成的行刑衔接规范体系，但有关档案行刑衔接机制建设仍有所欠缺。除立法层面的原因外，档案行政执法与刑事司法衔接不畅的实践原因主要如下：

其一，移送承接不力。档案数据犯罪具有行政从属性，多是由行政主管部门在日常工作过程中发现并进行调查，对于涉案人员的行为是否构成违法或犯罪，取决于档案行政主管部门的判断。尽管我国档案违规行为时有发生，但真正被移送司法机关追究刑事责任的案件极少，档案犯罪甚至在大部分省份缺乏司法判例。档案违法与档案犯罪数量的悬殊差距，说明档案行刑衔接不畅，甚至存在断裂问题。本书认为问题源头在于移送不力，即档案主管部门发现档案违法行为涉嫌档案犯罪，基于多种因素考量而选择有罪不究，有案不移甚至以罚代刑；再者，档案犯罪案件移送后承接不力，档案主管部门将档案犯罪移送后，公安机关针对移送案件拒不接受或迟延立案，使得难以开启下一步的刑事追责程序；最后，档案行政证据和刑事证据转换不畅，即档案主管部门收集的证据无法在档案犯罪追诉中使用。

其二，移送流程不畅，导致不易移送。档案主管部门是档案犯罪案件移送的启动者，由其将案件移送给公安机关，再由公安机关移送检察机关提起公诉。因此，公安机关在档案犯罪案件移送过程中处于“承上启下”的关键位置。2020年出台的《行政执法机关移送涉嫌犯罪案件的规定》指出，公安机关对于档案主管部门移送的涉档案犯罪案件仅有“审查”职责，而非“依法接受案件”职责，以至于公安机关常“以材料不全为由退回案件”，导致案件移送在公安机关受理与立案环节形成梗阻。除此之外，追诉标准理解差异也导致案件移送困难。《行政执法机关移送涉嫌犯罪案件的规定》指出行政执法机关移送犯罪案件的标准是“发现违法事实+涉嫌犯罪+需要追究刑事责任”，而《刑事诉讼法》第11条规定，公安机关立案标准是“有犯罪事实+需要追究刑事责任”。不难发现，前者侧重发现犯罪事实，而后者侧重已有犯罪事实，两者证明标准差异较大，公安机关立案要求更高，往往档案主管部门提供的案件线索难以达到此要求。

概言之，由于案件移送程序及相关判定标准不协调，使得档案违法案件难以顺利进入刑事司法领域。为解决以上问题，需要考虑如何实现档案行政执法与刑事司法衔接。最关键的问题是健全案件移送与证据转化机制，从程序上助推案件有序移送，真正实现档案行刑治理顺畅衔接，实现依法治档的目标。该机制主要包括案件移送机制与证据转化机制。其一，明确公安机关“依法接受案件”职责。具体可借鉴《环境保护行政执法与刑事司法衔接工作办法》的规定，明确公安机关应当依法接受档案主管部门移送的涉嫌档案犯罪案件，不得以材料不全为由，不接受移送，即强化公安机关依法接受案件材料的义务。其二，确保行政移送标准与公安立案标准的衔接，合理调适移送标准与立案标准便于案件移送。在制度设计层面可规定只要是档案主管机关发现涉案线索就可以直接移送，至于相关的案件线索是否真正构成刑事犯罪及是否应被追究刑事责任，则交由公安机关判断，实现移送端口的宽进与立案端口的严出。其三，明确证据转换机制，厘清档案行政证据转化与认定规则。档案行政证据不能直接作为刑事证据，在刑事诉讼过程中还需要经过转化与认定。档案行政证据与刑事证据种类冲突、证明标准差异是客观存在的，现有证据法律体系无法从根本解决以上问题。因此，应考虑如何规范行政取证程序、优化转化方式，通过健全审查规则的方式消解证据种类冲突和证明标准差异，提升档案行政证据的刑事证明能力。[①]其四，加强检察机关监督力度。[②]检察机关作为法律监督机关，对公安机关有案不立、有案不受的行为负有法定监督义务。因此，在档案犯罪治理过程中也应充分发挥检察机关的法律监督功能。一方面，可考虑丰富检察机关的监督方式，提升监督刚性。目前，检察机关的监督多以检察建议或检察意见的形式作出，缺乏监督刚性，可考虑将档案主管部门“不依法履职行为”（如有案不移、有罪不究和以罚代刑）纳入行政公益诉讼的范畴。根据《行政诉讼法》的规定，生态环境和资源保护、食品药品安全、国有财产保护、国有土地使用权出让等领域的行政机关不依法履职的，检察机关可以提起行政公益诉讼。因此，将档案主管部门不依法履职行为纳入行政公益诉讼不存在法理障碍。另一方面，可考虑引入检察机关提前介入制度。相较于传统的较为被动、消极的检察监督方式，提前介入显得更为积极、主动。检察机关提前介入档案行政执法的监督，有助于引导档案主管部门顺利开展调查取证和案件移送工作，震慑潜在的档案违法犯罪者。不过，检察机关提前介入需要遵循谦抑性原则，即只能提前介入那些疑难、复杂或社会影响较大的档案违法犯罪案件，不能超越监督权限干预档案主管部门的正常履职行为。

---

① 仝其宪. 档案安全领域行刑衔接存在的问题与完善建议［J］. 档案与建设，2023（4）：66-69.

② 刘森. 数字时代档案数据安全的刑法保护［J］. 浙江档案，2024（6）：25.

9

结语

档案数字化时代呼吁档案法治变革。因此，本书高度关注档案法律制度与刑事、民事等法律制度间的衔接协调问题，并将之作为研究基调贯穿始终。通过引入符号语言学与数据分层理论，不难得出数据与信息、档案数据与档案信息、档案数据管理与档案数据治理是不同概念的结论。基于此，为充分发挥概念引领法学研究的作用，本书又从不同角度对相关数据的内涵与外延进行明确，奠定档案数据安全法律风险治理机制的整体研究基础。数字时代档案数据安全风险主要体现为法律不健全与制度不健全引发的风险，在确定以上风险类型的情况下，档案部门应基于坚持党的领导与贯彻总体国家安全观的基本思路，稳步推进数字时代档案数据安全法律风险治理工作，综合应用法律、技术、人才与协同等各层面力量。

首先，应关注“档”“数”融合共治问题，基于档案数据兼具档案与数据双重属性的特性，可结合《数据安全法》提出新《档案法》的若干修改建议。比如，应构建适应档案特性的档案数据分级分类标准；应坚持中国模式，以国家安全为底线，设立档案数据跨境负面清单与动态白名单；应做好档案数据赋权、确权与保权工作，明确档案数据权属于权利束，而非单一性权利，并针对不同权利类型设置不同的赋权、确权与保权规则。

其次，应关注档案数据开放与个人信息保护问题。档案部门是政府数据开放的先锋队伍，应增强档案数据开放的内在驱动力与专业能力，重点解决档案数据开放试点工作中暴露出的数据格式、类型不统一等问题；档案数据开放利用应重视个人信息保护，本书重点关注的是被遗忘权与监护人知情同意权问题。被遗忘权是指除非档案部门有符合法律规定的理由，否则在特定情形出现时，应尊重档案数据主体的申请删除部分数据的权利。监护人知情同意权的落实应基于儿童保护主义，明确该权利的存在价值，并确定行权边界。监护人知情同意权与一般知情同意权略有不同，应高度重视自然人监护人知情同意的规则及探索组织体监护人知情同意规则。当然，以上两种权利仅是档案数据个人信息保护权利束中的两个小点，虽不能做到完全覆盖，但至少可起到以点带面的作用。

再次，应关注档案数字化时代老年人数字鸿沟及克服问题。档案数字化时代，老年人面临数字沉默、信息茧房、数字排斥等问题。档案部门应迎着“银发浪潮”而上，主动探索数字适老服务。例如，立法时应数字与传统立法双轨并行，关注数字技术适老分级问题；应加强行业指导，提炼抽象经验，发布战略指导或典型案例等；以场景适配为目标开发档案数字技术，匹配老年用户档案数字技术使用特性；加强老年档案数字素养培育，推行基层档案数字技术普惠教育。

最后，应关注的是数字时代档案数据安全的刑法风险治理问题。目前，《刑法》虽已规定附随性与独立性档案犯罪罪名，但仍存在犯罪主体单一、犯罪形式单一等问题。应基于刑法谦抑等原则，做好实体法层面的衔接工作，包括完善《刑法》中档案犯罪罪名及构建适应档案数据特性的价值鉴定机制等。程序法方面的修改也不应忽视，需要着力解决案件移送不力、流转不畅等问题。

囿于篇幅，本书未能对档案数据安全法律风险治理机制领域存在的全部问题进行逐一探讨，仅选取以上四个较为重要的问题进行系统研究，并给出调整建议。当然，作者深知法律修改不只是补漏拾遗，而是给法律注入新的生命，使之适应形势发展的需要，从而能够站得住、行得通。[①]任何法律的修改均需要严谨的学理论证，期望本书的研究可以激发学界对档案数据安全法律风险治理机制问题系统性研究的兴趣。

---

① 郭道晖. 法律修改方略述评 [J]. 中国法学，1989（6）：15-24.

参考文献

[1] 刘宪权. 元宇宙空间中数据的分类分级与刑法保护［J］. 比较法研究，2023（4）：51-64.

[2] 何嘉荪，张淑霞. 大数据引发的思考——哲学界相关讨论的启示［J］. 浙江档案，2017（6）：8-11.

[3] 何思源，刘珂. 档案与数据关系的多维解析——兼论档案数据的概念地位［J］. 档案学通讯，2024（1）：37-44.

[4] 时建中. 数据概念的解构与数据法律制度的构建：兼论数据法学的学科内涵与体系［J］. 中外法学，2023（1）：23-45.

[5] 徐宗本，张讲社. 基于认知的非结构化信息处理：现状与趋势［J］. 中国基础科学，2007（6）：4-8.

[6] 许学标，顾宁，施伯乐. 半结构化数据模型及查询语言［J］. 计算机研究与发展，1998（10）：896-901.

[7] 程啸. 论大数据时代的个人数据权利［J］. 中国社会科学，2018（3）：107.

[8] 李谦. 人格、隐私与数据：商业实践及其限度——兼评中国cookie隐私权纠纷第一案［J］. 中国法律评论，2017（2）：126.

[9] 丁道勤. 基础数据与增值数据的二元划分［J］. 财经法学，

2017（2）：5.

［10］ 张博闻. 个人信息“权利束”视域下人事档案当事人权利体系构建研究［J］. 档案与建设，2024（10）：58-65.

［11］ 彭诚信，向秦. “信息”与“数据”的私法界定［J］. 河南社会科学，2019，27（11）：28.

［12］ 韩旭至. 信息权利范畴的模糊性使用及其后果——基于对信息、数据混用的分析［J］. 华东政法大学学报，2020（1）：85.

［13］ 李源粒. 网络个人数据安全刑法保护研究［J］. 重庆邮电大学学报（社会科学版），2015，27（6）：47.

［14］ 纪海龙. 数据的私法定位与保护［J］. 法学研究，2018（6）：73-76.

［15］ 欧阳本祺. 论虚拟财产的刑法保护［J］. 政治与法律，2019（9）：50.

［16］ 朱宣烨. 数据分层与侵犯网络虚拟财产犯罪研究［J］. 法学杂志，2020（6）：124.

［17］ 李爱君. 数据权利属性与法律特征［J］. 东方法学，2018（3）：66.

［18］ 周斯佳. 个人数据权与个人信息权关系的厘清［J］. 华东政法大学学报，2020（2）：89.

［19］ 梅夏英. 数据的法律属性及其民法定位［J］. 中国社会科学，2016（9）：168.

［20］ 王倩云. 人工智能背景下数据安全犯罪的刑法规制思路［J］. 法学论坛，2019（2）：29.

［21］ 齐白. 全球风险社会与信息社会中的刑法［M］. 周遵友，江溯，译. 北京：中国法制出版社，2012：308.

［22］ 刘双阳. 衍生数据刑法保护进路的多重考察——兼论财产权客体的时代变迁［J］. 科技与法律，2020（3）：88.

［23］ 应家赟，叶良芳. 侵犯域名行为的保护法益及其刑法规制［J］. 浙江学刊，2020（1）：130.

［24］ 杨志琼. 我国数据犯罪的司法困境与出路：以数据安全法益为中心［J］. 环球法律评论，2019（6）：159.

[25] 杨健，杨安莲，黄永勤，等. 档案数据福安里与档案数据治理辨析 [J]. 中国档案，2024（5）：75.
[26] 冯惠玲. 电子文件风险管理 [M]. 北京：中国人民大学出版社，2008：27.
[27] 孙向阳，杨智勇. 大数据时代档案数据安全治理模型构建 [J]. 山西档案，2022（2）：99.
[28] 耿志杰，刘志森. 档案数据互联网传输出境的实施困境与完善策略 [J]. 浙江档案，2021（3）：24-26.
[29] 刘艳红. 罪刑法定原则的中国困境 [J]. 中国检察官，2019（7）：21.
[30] 徐剑. 对象型网络犯罪的刑事政策应对 [J]. 河北法学，2016（8）：145.
[31] 袁博. 论“流量劫持”的民刑法律责任 [N]. 上海法治报，2017-11-25.
[32] 叶良芳. 刑法教义学视角下流量劫持行为的性质探究 [J]. 中州学刊，2016（8）：47.
[33] 王禹. 计算机信息系统犯罪的行为透视——以“破坏”和“非法控制”的界限与竞合为视角 [J]. 江西警察学院学报，2019（3）：108.
[34] 胡春健，孙伟. 破坏计算机信息系统罪的规范分析 [J]. 中国检察官，2019（4）：45.
[35] 李宇斐. 档案数字化工作要谨防失泄密 [J]. 保密工作，2018（12）：33-35.
[36] 刘炳辉. 党政科层制：当代中国治体的核心结构 [J]. 文化纵横，2019（2）：35.
[37] 江文路，张小劲. 以数字政府突围科层制政府——比较视野下的数字政府建设与演化路径 [J]. 经济社会体制比较，2021（6）：102.
[38] 高奇琦. 将区块链融入科层制：科层区块链的融合形态初探 [J]. 中国行政管理，2021（7）：73.
[39] 王镭.“拷问”数据财产权——以信息与数据的层面划分为视角 [J]. 华中科技大学学报（社会科学版），2019（4）：105.

[40] 周林兴，黄星. 论新时代党管档案工作领导体制的实践导向——以《档案法实施条例》为中心的考察 [J]. 档案与建设，2024 (3)：20.

[41] 马振超. 当代中国政治安全的现实逻辑和终极价值 [J]. 国际安全研究，2018，36 (3)：3-22；156.

[42] 杨毅，何瓦特. 中华民族档案：民族档案的时代内涵 [J]. 档案学通讯，2019 (5)：13-19.

[43] 王瑞香. 论总体国家安全观视野中的国家文化安全 [J]. 社会主义研究，2016 (5)：70-75.

[44] 孙珠峰，胡近. "元治理"理论研究：内涵、工具与评价 [J]. 上海交通大学学报（哲学社会科学版），2016 (3)：45-50.

[45] 苏宇. 算法规制的谱系 [J]. 中国法学，2020 (3)：165.

[46] 张淑玲. 破解黑箱：智媒时代的算法权力规制与透明实现机制 [J]. 中国出版，2018 (7)：50.

[47] 刘友华. 算法偏见及其规制路径研究 [J]. 法学杂志，2019 (6)：56-58.

[48] 王寅辉，张晨. 智媒时代"算法囚徒"的风险及其治理路径研究 [J]. 新闻研究导刊，2022 (17)：1.

[49] 李志强. 算法时代数字适老化的风险与规控 [J]. 宁夏社会科学，2023 (2)：154.

[50] 丁晓东. 论算法的法律规制 [J]. 中国社会科学，2020 (12)：139.

[51] 卜淼. 公共图书馆促进数字包容的国际进展与我国对策 [J]. 图书馆理论与实践，2023 (2)：34.

[52] 宋保振. 数字弱势群体信息权益保障的法律路径 [J]. 东北师大学报（哲学社会科学版），2021 (5)：91.

[53] 梁志文. 论算法排他权：破除算法偏见的路径选择 [J]. 政治与法律，2020 (8)：105.

[54] 汪庆华. 人工智能的法律规制路径：一个框架性讨论 [J]. 现代法学，2019 (2)：59.

[55] 宁园. 个人信息保护中知情同意规则的坚守与修正 [J]. 江西财经大学学报，2020（2）：115.
[56] 郑智航. 网络社会法律治理与技术治理的二元共治 [J]. 中国法学，2018（2）：115.
[57] 李苗苗，王亮. 智能投顾：优势、障碍与破解对策 [J]. 南方金融，2017（12）：80.
[58] 王玉珏，吴一诺. 档案法律融入数据法律体系的内在逻辑、问题与路径 [J]. 档案学研究，2022（3）：29.
[59] 高晨翔，牛力. 国内“档案数据”研究述评 [J]. 档案学研究，2020（5）：11-18.
[60] 吴卫明，吴俐. 全面信息安全与数据合理利用——简评《数据安全法（草案）》[J]. 信息安全与通信保密，2020（8）：25.
[61] 王英玮，杨千. 总体国家安全观视角下《中华人民共和国档案法》的安全理念 [J]. 档案学研究，2020（6）：79.
[62] 庞帅. 基于《数据安全法》的档案数据安全研究 [J]. 档案天地，2022（4）：40.
[63] 冯慧敏. 档案管理与数据管理的协同研究：分类分级视角 [J]. 中国档案，2020（5）：32.
[64] 何波. 俄罗斯跨境数据流动立法规则与执法实践 [J]. 大数据，2016（6）：131.
[65] 金波，添志鹏. 档案数据内涵与特征探析 [J]. 档案学通讯，2020（3）：7.
[66] 朱斌斌. 数据安全保护体系的检视与构建——以《数据安全法》为切入点 [J]. 牡丹江大学学报，2022（4）：64.
[67] 许可. 自由与安全：数据跨境流动的中国方案 [J]. 环球法律论，2021（1）：22-37.
[68] 齐爱民，盘佳. 数据权、数据主权的确立与大数据保护的基本原则 [J]. 苏州大学学报（哲学社会科学版），2015（1）：64-70；191.

[69] 顾安清. 大数据时代档案数据权探析：提出、内容及保护路径［J］. 档案管理，2022（4）：27.

[70] 杨鹏. 大数据时代档案数据权利及其体系构建［J］. 档案学通讯，2022（4）：53.

[71] 邓奇志. 知识价值论与劳动价值论研究［J］. 重庆大学学报（社会科学版），2003（6）：40.

[72] 张世林. 档案数字化的知识产权对策研究——以“数字敦煌”项目为例［J］. 档案学通讯，2009（3）：50-53.

[73] 秦珂. 大数据法律保护摭谈［J］. 图书馆学研究，2015（12）：98-101.

[74] 王超政. 论数据库的邻接权保护［J］. 湖北社会科学，2021（11）：157-161.

[75] 倪朱亮，陈阳. 规避保护技术措施行为的刑法规制研究［J］. 西南政法大学学报，2023（4）：53.

[76] 王迁. 对技术措施立法保护的比较研究［J］. 知识产权，2003（2）：3.

[77] 王迁. 论禁止规避技术措施的范围［J］. 法学家，2016（6）：134.

[78] 刘颖. 版权法上技术措施的范围［J］. 法学评论（双月刊），2017（3）：96.

[79] 谢焱. 知识产权刑法法益分析［J］. 北方法学，2017（4）：109.

[80] 王志远. 网络知识产权犯罪的挑战与应对——从知识产权犯罪的本质入手［J］. 法学论坛，2020（5）：114.

[81] 江海洋. 数字时代规避型侵犯著作权罪的司法适用［J］. 中国刑事法杂志，2023（6）：1.

[82] 汪叶，周子实. 著作权法视野下《刑法》中规避技术措施规则的教义学分析［J］. 东南法学，2023（1）：153.

[83] 王志远，陈昊. 法秩序统一视域下侵犯著作权罪的罪质及展开［J］. 烟台大学学报（哲学社会科学版），2023（4）：99.

[84] 刘艳红. 数据要素全生命周期安全风险的刑事保障制度研究——以数字经济安全法益观为视角［J］. 法学论坛，2024（1）：43.

[85] 钱小平. 中国金融刑法立法的应然转向：从“秩序法益观”到“利益法益观”[J]. 政治与法律，2017（5）：37.
[86] 李文吉. 我国刑法中管理秩序法益还原为实体性法益之提倡［J］. 河北法学，2020（5）：2.
[87] 李扬. 知识产权基础理论和前沿问题［M］. 北京：法律出版社，2004：136.
[88] 王迁. 论著作权保护刑民衔接的正当性［J］. 法学，2021（8）：12.
[89] 刘铁光. 著作权民刑保护之间的法域冲突及其化解［J］. 法律科学（西北政法大学学报），2023（5）：178.
[90] 王迁.“技术措施”概念四辨［J］. 华东政法大学学报，2015（2）：35.
[91] 熊琦. 论“接触权”——著作财产权类型化的不足与克服［J］. 法律科学，2008（5）：92.
[92] 游梦娜. 公共图书馆开展适老化服务的实践与启——以中部六省省级公共图书馆为例［J］. 河南图书馆学刊，2022（9）：7.
[93] 刘鹏程. 让“无障碍”成为适老标配［J］. 中国社会工作，2023（29）：1.
[94] 周煜. 智能化时代美国老年数字鸿沟的现状与启示［J］. 国外社会科学，2022（6）：101.
[95] 项松林，杨彪.从数字鸿沟到数字包容：老年人参与乡村公共数字文化服务的推进路径［J］. 图书馆，2024（5）：22.
[96] 刘育猛. 数字包容视域下的老年人数字鸿沟协同治理：智慧实践与实践智慧［J］. 湖湘论坛，2022（3）：107-119.
[97] 张二震，戴翔. 数字经济、要素分工与中国高水平对外开放［J］. 思想理论战线，2022（1）：118-127；139.
[98] 任友群，随晓筱，刘新阳. 欧盟数字素养框架研究［J］. 现代远程教育研究，2014（5）：3-12.
[99] 郭一弓. 欧盟数字素养框架 DigComp 2.1：分析与启示［J］. 数字教育，2017（5）：10-14.

[100] 孙旭欣，罗跃，李胜涛．全球化时代的数字素养：内涵与测评［J］．世界教育信息，2020（8）：13-17.
[101] 杨一帆，潘君豪．老年群体的数字融入困境及应对路径［J］．新闻与写作，2021（3）：29.
[102] 梁淑雯，李录堂．低龄老年人力资源再开发方式探究——基于中国老年社会调查数据［J］．理论导刊，2018（2）：78.
[103] 刘淼．数字鸿沟：定义域的扩展与实践场景的分析［J］．湖南师范大学社会科学学报，2023：（4）：137.
[104] 张鑫．老年数字鸿沟的生成逻辑与治理策略［J］．江苏社会科学，2023（6）：150.
[105] 黄如花，林焱．法国政府数据开放共享的政策法规保障及对我国的启示［J］．图书馆，2017（3）：1-6.
[106] 邹东升．政府开放数据和个人隐私保护：加拿大的例证［J］．中国行政管理，2018（6）：75-82.
[107] 陈美，江易华．韩国开放政府数据分析及其借鉴［J］．现代情报，2017（11）：28-33；39.
[108] 叶继元，陈铭，谢欢，等．数据与信息之间逻辑关系的探讨——兼及DIKW概念链模式［J］．中国图书馆学报，2017（3）：34.
[109] 宋立荣，张薇，杨晶．基于信息共享背景下的数据和信息之概念辨析［J］．情报杂志，2012（1）：1-5.
[110] 黄璜，赵倩，张锐昕．论政府数据开放与信息公开——对现有观点的反思与重构［J］．中国行政管理，2016（11）：13.
[111] 宋烁．政府数据开放宜采取不同于信息公开的立法进路［J］．法学，2021（1）：102.
[112] 郑磊．开放政府数据研究：概念辨析、关键因素及其互动关系［J］．中国行政管理，2015（11）：14.
[113] 何渊．政府数据开放的整体法律框架［J］．行政法学研究，2017（6）：58.

[114] 刘权. 政府数据开放的立法路径 [J]. 暨南学报（哲学社会科学版），2021（1）：93.
[115] 周汉华. 打造升级版政务公开制度——论《政府信息公开条例》修改的基本定位 [J]. 行政法学研究，2016（3）：11.
[116] 中国行政管理学会课题组. 我国政府数据开放顶层设计研究 [J]. 中国行政管理，2016（11）：11.
[117] 宋华琳. 中国政府数据开放法制的发展与建构 [J]. 行政法学研究，2018（2）：40-46.
[118] 于世梁. 政府数据开放的实践、现状及对策 [J]. 湖北经济学院学报（人文社会科学版），2016（11）：49.
[119] 张翠梅，方宜. 区块链架构下政府数据开放共享治理研究 [J]. 南通大学学报（社会科学版），2021（6）：62.
[120] 李重照，黄璜. 中国地方政府数据共享的影响因素研究 [J]. 中国行政管理，2019（8）：47-54.
[121] 戚学祥. 区块链技术在政府数据治理中的应用：优势、挑战与对策 [J]. 北京理工大学学报（社会科学版），2018（5）：105.
[122] 马海群. 档案数据开放的发展路径及政策框架构建研究 [J]. 档案学通讯，2017（3）：50-56.
[123] 王协舟，尹鑫. 英美法系国家档案数据开放法律与政策调研及经验借鉴：基于文献、文本和案例的省思 [J]. 档案学通讯，2019（4）：48-57.
[124] 周文泓，张宁. 开放政府框架下档案工作的进展与展望：基于NARA开放政府行动的分析 [J]. 山西档案，2017（2）：54-58.
[125] 陈玲，段尧清，王冰清. 数字政府建设和政府开放数据的耦合协调性分析 [J]. 情报科学，2020（1）：162-168.
[126] 钱毅. 技术变迁环境下档案对象管理空间演化初探 [J]. 档案学通讯，2018（2）：10-14.
[127] 金波. 大数据时代政府治理的“档案参与”[J]. 求索，2021（3）：135-143.

[128] 易涛. 最多跑一次”改革背景下档案数据壁垒的生成与消解 [J]. 浙江档案，2018 (12)：14-17.

[129] 金波，周枫，杨鹏. 档案数据研究进展与研究题域 [J]. 情报科学，2021 (11)：187-193.

[130] 吕颜冰. 论档案部门参与开放数据建设的问题与途径 [J]. 档案管理，2016 (1)：20-23.

[131] 聂云霞，黄文琼. 数字档案用户个人信息保护的现实困境与解决思路 [J]. 档案学研究，2019 (1)：75-76.

[132] 孙道萃. 数据遗忘权的刑法学观察与协同保护 [J]. 西部法律评论，2016 (4)：34.

[133] 郑曦. 个人信息保护视角下的刑事被遗忘权对应义务研究 [J]. 浙江工商大学学报，2019 (1)：45-54.

[134] 张志安，邹禹同. 大数据时代“被遗忘权”的中国引入：意义与限制 [J]. 中国出版，2018 (2)：23.

[135] 彭支援. 被遗忘权初探 [J]. 中北大学学报（社会科学版），2014 (1)：37.

[136] 刘文杰. 被遗忘权：传统元素、新语境与利益衡量 [J]. 法学研究，2018 (2)：25.

[137] 杨芳. 个人信息自决权理论及其检讨——兼论个人信息保护法之保护客体 [J]. 比较法研究，2015 (6)：29.

[138] 周婧. 被遗忘权的概念研究——与隐私权、信息自决权的概念比较 [J]. 北京政法职业学院学报，2017 (2)：79.

[139] 于浩. 被遗忘权：制度构造与中国本土化研究 [J]. 华东师范大学学报（哲学社会科学版），2018 (3)：151.

[140] 薛丽. GDPR生效背景下我国被遗忘权确立研究 [J]. 法学论坛，2019 (2)：100.

[141] 郑志峰. 网络社会的被遗忘权研究 [J]. 法商研究，2015 (6)：51.

[142] 陈峰，王利荣. 个人信息“知情同意规则”的功能检视与完善进路 [J].

广西社会科学，2021（8）：106.
［143］ 冯恺. 个人信息“选择退出”机制的检视和反思［J］. 环球法律评论，2020（4）：148-165.
［144］ 孙益武. 儿童个人信息保护是伪命题还是真难题——兼评《儿童个人信息网络保护规定》［J］. 青少年犯罪问题，2020（2）：90-97.
［145］ 王苑. 中国未成年人网络个人信息保护的立法进路——对“监护人或家长同意”机制的反思［J］. 西安交通大学学报（社会科学版），2019（6）：134.
［146］ 王彬. 成年年龄的法律拟制［J］. 学术交流，2016（12）：72.
［147］ 郭明瑞. 关于编纂民法典须处理的几种关系的思考［J］. 清华法学，2014（6）：34.
［148］ 江海洋. 大数据时代未成年人个人信息保护研究［J］. 图书馆建设，2020（3）：61.
［149］ 李建军. 技术创新活动的负外部性及其缓冲机制分析［J］. 中国人民大学学报，2008（1）：126.
［150］ 邹开亮，刘佳明. 大数据杀熟的法律规制困境与出路——仅从《消费者权益保护法》的角度考量［J］. 价格理论与实践，2018（8）：47.
［151］ 朱程程. 大数据杀熟的违法性分析与法律规制探究——基于消费者权益保护视角的分析［J］. 南方金融，2020（4）：92.
［152］ 姚黎黎. 互联网平台免费服务提供者义务之设定［J］. 重庆邮电大学学报（社会科学版），2017（6）：61.
［153］ 刘泽刚. 过度互联时代被遗忘权保护与自由的代价［J］. 当代法学，2019（1）：91.
［154］ 郭小安，雷闪闪. “数据被遗忘权”实施困境与我国的应对策略［J］. 理论探索，2016（6）：110.
［155］ 王雪乔. 论欧盟GDPR中个人数据保护与“同意”细分［J］. 政法论丛，2019（4）：136-146.
［156］ 范海潮，顾理平. 探寻平衡之道：隐私保护中知情同意原则的实践困境

与修正［J］．新闻与传播研究，2021（2）：75.
［157］ 吕炳斌．个人信息保护的“同意”困难及其出路［J］．法商研究，2021（2）：87.
［158］ 殷峻．网络时代儿童个人信息的法律保护——基于美国和欧盟立法的比较研究［J］．学术研究，2018（11）：75.
［159］ 傅宏宇．论网络环境下未成年人的个人信息保护［J］．首都师范大学学报（社会科学版），2019（4）：55.
［160］ 郑佳宁．知情同意原则在信息采集中的适用与规则构建［J］．东方法学，2020（2）：200.
［161］ 蔡一博，吴涛．未成年人个人信息保护的困境与制度应对——以“替代决定”的监护人同意机制完善为视角［J］．中国青年社会科学，2021（2）：127.
［162］ 吴泓．信赖理念下的个人信息使用与保护［J］．华东政法大学学报，2018（1）：28.
［163］ 张平．大数据时代个人信息保护的立法选择［J］．北京大学学报（哲学社会科学版），2017（3）：143.
［164］ 李霞．协助决定取代成年监护替代决定——兼论民法典婚姻家庭编监护与协助的增设［J］．法学研究，2019（1）：100-118.
［165］ 夏吟兰．民法典未成年人监护立法体例辩思［J］．法学家，2018（4）：1.
［166］ 高奇，刘庆帅．场景完整性理论在儿童数据保护监管中的应用——以英国《适龄准则》和美国COPPA为例［J］．中国青年社会科学，2021（4）：139.
［167］ 马荣春，高坤龙．恶意补足年龄规则的起源、发展与中国化实践［J］．青少年犯罪问题，2021（5）：45.
［168］ 陈伟，黄鑫．“恶意补足年龄”规则本土化适用探究［J］．行政与法，2021（11）：107.
［169］ 倪蕴帷．隐私权在美国法中的理论演进与概念重构——基于情境脉络完

整性理论的分析及其对中国法的启示［J］. 政治与法律，2019（10）：149-161.

［170］ 张新宝. 个人信息收集：告知同意原则适用的限制［J］. 比较法研究，2019（6）：1-20.

［171］ 李伟，蒋文杰. 隐私协议用户知情同意的认定［J］. 中国检察官，2021（1）：9.

［172］ 林凯、张建肖. 知情同意权的功能失灵与应对——兼评《数据安全管理办法（征求意见稿）》［J］. 中国应用法学，2020（2）：168.

［173］ 田野. 大数据时代知情同意原则的困境与出路——以生物资料库的个人信息保护为例［J］. 法制与社会发展（双月刊），2018（6）：130.

［174］ 万方. 个人信息处理中的“同意”与“同意撤回”［J］. 中国法学，2021（1）：174.

［175］ 张露. 事实孤儿权益保障的现实困境与路径选择［J］. 人民论坛·学术前沿，2018（8）：108.

［176］ 靖力，张哲，覃燕，等. 事实孤儿：一个被遗忘的群体［J］. 方圆，2017（18）：15-21.

［177］ 杨志超. 比较法视角下儿童保护强制报告制度特征探析［J］. 法律科学（西北政法大学学报），2017（1）：159-168.

［178］ 李云波．“单位”在监护制度中的角色转变［J］. 青少年犯罪问题，2015（5）：11.

［179］ 尹志强. 未成年人监护制度中的监护人范围及监护类型［J］. 华东政法大学学报，2016（5）：29.

［180］ 周庆智. 基层社会自治与社会治理现代转型［J］. 政治学研究，2016（4）：70.

［181］ 李健. 居民委员会、村民委员会作为基层群众性自治组织履行民法典确定的监护职责相关规定解读［J］. 中国民政，2020（14）：45.

［182］ 付新华. 大数据时代儿童数据法律保护的困境及其应对——兼评欧盟《一般数据保护条例》的相关规定［J］. 暨南学报（哲学社会科学版），2018

（12）：93.
［183］仝其宪. 数字网络时代档案安全保护的刑法治理研究［J］. 档案学研究，2021（3）：33-39.
［184］仝其宪. 伪造、篡改档案行为的刑法规制——以“高考冒名顶替”等案件为例［J］. 档案学通讯，2022（3）：80-86.
［185］贾济东，褚雨. 论档案犯罪对象和行为类型的当代转型［J］. 档案学通讯，2022（6）：70-77.
［186］博登海默. 法理学：法律哲学与法律方法［M］. 邓正来，译. 北京：中国政法大学出版社，2017：98.
［187］牧晓阳. 论我国档案犯罪的立法完善［J］. 兰台世界，2010（18）：29-30.
［188］仝其宪. 论《档案法》与《刑法》的规范衔接［J］. 档案管理，2022（5）：65-69.
［189］加罗法洛. 犯罪学［M］. 耿伟，王新，译. 北京：中国大百科全书出版社，1996：44.
［190］刘宪权. 刑法学（上）［M］. 4版.上海：上海人民出版社，2016：74.
［191］莱斯格. 思想的未来——网络时代公共知识领域的警示喻言［M］. 李旭，译. 北京：中信出版社，2004：23.
［192］李适时. 中华人民共和国民法总则释义［M］. 北京：法律出版社，2017：396.
［193］龚沛曾，杨志强. 大学计算机基础［M］. 5版.北京：高等教育出版社，2009：69.
［194］大数据战略重点实验室. 块数据2.0：大数据时代的范式革命［M］. 北京：中信出版社，2016：14-15.
［195］库尔巴厘贾. 互联网治理［M］. 鲁传颖，惠志斌，刘越，译. 7版.北京：清华大学出版社，2019.
［196］黄勤龙，杨义先. 云计算数据安全［M］. 北京：北京邮电大学出版社，2018.

[197] 诺奇克. 无政府、国家与乌托邦 [M]. 姚大志，译. 北京：中国社会科学出版社，2008：209.

[198] 德霍斯. 知识财产法哲学 [M]. 周林，译. 北京：商务印书馆，2008：89.

索 引